Kinzig
Elzach
Elz
Sankt Georgen
Triberg
irch
B 33
Brigach
Furtwangen
Breg
-Neustadt
Titisee-
B 31
Wutach
9
7
5
8
3
34
33

Georg Schmidt-Abels · Geheimnisvolle Plätze im Breisgau

Georg Schmidt-Abels

Geheimnisvolle Plätze im Breisgau

Kaufmann Verlag

Bibliografische Information Der Deutschen Bibliothek

Die Deutsche Bibliothek verzeichnet diese Publikation in der Deutschen Nationalbibliografie; detaillierte bibliografische Daten sind im Internet über http://dnb.ddb.de abrufbar.

2. Auflage 2008

Alle Fotos von Georg Schmidt-Abels
Umschlaggestaltung: JAC unter Verwendung eines Fotos von Georg Schmidt-Abels „Berghauser Kapelle am Schönberg"
Printed and bound by Leo Paper, China
ISBN 978-3-7806-7167-7

Inhaltsverzeichnis

Von Freiburg nach Süden

Im östlichen Breisgau

Vorwort

Nach dem Wahlspruch „Unbekanntes entdecken und Bekanntes neu sehen“ werden geschichtsträchtige und sagenumwobene Orte besucht, erstaunliche und oft auch wundersame Geschehnisse geschildert, Hintergründe gezeigt und vergessene Dinge. Durch die Jahrhunderte und Jahrtausende führen die Wege zu alten Kultstätten und versunkenen Siedlungen, besonderen Quellen und Kapellen, Felsen und Burgen, Höhlen und vielerlei mehr. Verschiedene Formen und Farben des Geheimnisvollen erscheinen so in der Landschaft und steigern ihre Faszination. Außer geschichtlichen, archäologischen und mythologischen Informationen sind viele Ausflugstipps und Wandervorschläge enthalten – erkundet auf langjährigen Streifzügen zwischen Schwarzwald und Rhein. Von Freiburg als Zentrum geht es in alle Himmelsrichtungen hinaus. „Wege zu magischen Hügeln“ war der Untertitel eines früheren, längst vergriffenen Breisgaubuches – das neue ist ein verbesserter Nachfolger mit einem erweiterten Programm.

1

Der Zähringer Burgberg

Dieser Berg bietet ein gutes Beispiel dafür, wie ein vertrauter Platz in einem neuen Licht erscheinen kann. Bis vor kurzem war nur die mittelalterliche Burg bekannt, aber dass hier im 4. und 5. Jh. n. Chr. eine frühalemannische Höhensiedlung stand, kam erst bei den Ausgrabungen in den 1980er-Jahren zutage. Dabei fanden die Archäologen heraus, dass es sich um die zentrale Siedlung der „Brisigavi" – der Breisgaubewohner – handelte, um die Residenz eines Häuptlings oder Königs. Von diesem Hügel ist die ganze Breisgauer Bucht zu überblicken; er war damals eine Gegenposition zu den spätrömischen Befestigungen am Rhein.

Und dann die andere Überraschung: Die Siedlung befand sich auf einem künstlichen Plateau, die ganze Höhe ist von Menschenhand umgestaltet worden. Die normalerweise abgerundete Kuppe solcher Gneisberge gibt es hier nicht mehr, sondern stattdessen gebaute Terrassen. Ein dichtes Netz von Stützmauern befindet sich im Boden und gehört zu den „auffälligsten Erscheinungen" auf dem Berg. Die ausgedehnten Umgestaltungen machen ihn – im Urteil der Archäologen – „weit über Süddeutschland hinaus zu einer Besonderheit".

Überrascht haben auch Funde aus voralemannischer Zeit. Sie zeigen eine keltische Besiedlung um 500 v. Chr. und reichen sogar bis in die steinzeitliche Michelsberger Kultur zurück, für die gerade im Rheintal die befestigten Höhensiedlungen typisch sind.

Zu der auffallenden Prägung über Jahrtausende passt es dann, dass sich die politisch so bedeutenden Zähringer ausgerechnet nach diesem Ort nannten, nachdem sie sich im Breisgau festgesetzt hatten. In einer Sage sind diese Herzöge allerdings mit einem anderen Stoff im Boden verbunden: Sie seien vor Zeiten Köhler gewesen und hätten unter ihrem Meiler geschmolzenes Silber gefunden. Tatsächlich konnte während der Ausgrabungen erneut nachgewiesen werden, dass im Berg Erze, Blei und Silber anstehen und dass alte Bergbauspuren vorhanden sind. Die Pochgasse in Zähringen erinnert daran.

Durch die Pochgasse gelangen die Besucher zum Burgberg, die meisten fahren hinauf und parken beim Waldgasthaus. Doch der schönste Weg führt zu Fuß kurz nach der Kirche den Burgackerweg hoch zur Vorderen Poche, dann oben am Leinhaldental entlang. Zwischen Hainbuchen schweift der Blick in die Rheinebene hinaus; und in der Nähe fällt er auf einen ganz besonderen Platz, denn hinten im Tal hat Emil Gött gelebt und gearbeitet, der Dichter, Bauer und Erfinder. Sein Haus am Zähringer Burgberg muss in der Zeit um 1900 ein „alternatives Kulturzentrum“ gewesen sein, „ein Wallfahrtsort für Viele, die man als Schnörkel der bürgerlichen Gesellschaft ansprechen könnte“, so der Freiburger Schriftsteller Franz Schneller.

Emil Gött strebte nach der Einheit von Kopf und Hand, das ständige Nebeneinander und Ineinandergreifen von Hammer, Spaten und Feder war typisch für ihn. Er arbeitete an der Verbesserung von Gewächshäusern, machte Vorschläge zum Weinbau und zu einem verbilligten Häuserbau, konstruierte einen Rucksack, der gleichzeitig als Schlafsack oder Hängematte dienen konnte, erfand die ausfahrbare Feuerwehrleiter, dachte über eine Schutzvorrichtung gegen Eisenbahnunfälle nach, über Flugprobleme und medizinische Fragen. Er suchte nach einem neuen spinnbaren Rohmaterial und erfand kurz vor seinem Tod ein Verfahren, um aus dem Ginster eine Faser zu gewinnen. Und das nicht aus geschäftlichem Interesse, sondern um der Not leidenden Schwarzwaldbevölkerung zu helfen, wie überhaupt seine Erfindungen aus einer menschen- und lebensfreundlichen Einstellung zu verstehen sind.

Dieser Lebensreformer und Naturapostel, der die Sonne auf dem Rosskopf anbetete, dieser originelle Querkopf und ideenreiche Tüftler wurde – wie der Zähringer Burgberg – erst in jüngerer Zeit richtig erkannt. Er war eben als Dichter eingeordnet, seine anderen Seiten fehlten im Bild.

Kapellenruine St. Severin

2

Das Mauracher Bergle bei Denzlingen

Vor dem Eingang in das Elztal erhebt sich dieser Hügel inselartig aus der Niederung, und von seiner Höhe ist eine weite Übersicht möglich. Das Bergle hat auch durch seine Vegetation besondere Reize, noch mehr aber durch seine geschichtlichen Klänge und Sagen. Außerdem wird von speziellen Kräften berichtet, von Schwingungen und Strahlungen, die sich hier angeblich konzentrieren – um gleich einen spektakulären Beitrag zu erwähnen. Wo die Ruine der Severinskapelle steht, soll ein „Ort der Kraft" sein, wie der Wünschelrutengänger und Mythenforscher Adolphe Landspurg sagt. Er sieht eine alte Kultstätte bis zurück zu den Kelten.

Schon früher wurden – in einem Denzlinger Heimatbuch – heidnische Heiligtümer auf dem Bergle vermutet, vor allem römische Tempel. Solche Vorstellungen sind verständlich, wenn man an die römische Präsenz in der Nähe denkt: Am Fuße des Hügels lag in der Römerzeit eine gewerbetreibende Siedlung. Im Bereich des landwirtschaftlichen Anwesens Mauracher Hof kamen in den 1970er-Jahren Gebäudereste, Schlackehalden und Öfen ans Licht. Hier haben die Römer offenbar Erze verarbeitet, die aus den benachbarten Bergen stammten, vor allem vom Einbollen und Hornbühl am Suggental, aber wohl auch aus dem Glottertal.

Der Ort wurde später nach den (restlichen) römischen Mauern als „Muron“ benannt (sinngemäß „bei den Mauern“ oder „beim Gemäuer“) und im Jahr 962 zum ersten Mal urkundlich erwähnt. Aus „Muron“ entstand „Maurach“ als Name für einen Weiler oder eine Gruppe aus mehreren Höfen. Dazu gehörte die Severinskapelle, bei der allerdings unklar ist, welcher Heilige dieses Namens hier verehrt wurde, der Kölner Bischof, der Passauer Abt oder ein anderer. Auf einer Sandsteinplatte, die aus der Kapelle stammt und jetzt in der neuen Denzlinger Jakobuskirche steht, sei jedenfalls ein Severin abgebildet, heißt es in einer Schrift der Pfarrgemeinde – „der Patron jener Kirche, die einst auf dem Mauracher Berg Wallfahrer von überall her anzog“. Die merkwürdige Darstellung eines Unterschenkels, die Jahreszahl 1771 und Initialen D. H. neben der Gestalt habe damals ein frommer Pilger einritzen lassen „als Dank für die Heilung von einem Beinleiden“. Erstaunlich, dass damals noch Pilger kamen, obwohl die Kapelle schon seit langer Zeit eine Ruine war.

Dieser Platz wurde ja überhaupt hoch geschätzt, wie auch die sagenhafte Überlieferung zeigt. Hier sei die erste christ-

Kapellenruine St. Severin

liche Kirche der ganzen Gegend gestanden, „die Pfarrkirche für die Bewohner des Simonswälder-, Elzacher- und des benachbarten Glotterthals". Hierher seien die frommen Bewohner von ihren oft weit entfernten Höfen gewandert, und die Messe habe nicht beginnen dürfen, bevor „der Simon vom Walde mit den Seinigen" angekommen war. Die älteste Kirche stand wohl in Wirklichkeit an einer anderen Stelle, aber die Vorstellungen machten sich an der stimmungsvollen Ruine fest.

Später drehten sich die Fantasien um den Mauracher Hof, besonders um eine bestimmte Person. In einer auffallenden Häufung berichten die Denzlinger Dorfsagen von geisterhaften Erscheinungen, für die ein früherer Grundherr mit Namen Sonntag verantwortlich gemacht wurde. Er soll ein hartherziger und geiziger Mensch gewesen sein und habe deshalb nach seinem Tod keine Ruhe gefunden. Immer wieder sei er in vielerlei Gestalt umgegangen, im Hof und in der Umgebung, auch auf dem Privatfriedhof der Familie Sonntag neben der Kapelle.

Eine Denzlingerin habe eines Tages im „Mauracher Hölzle" eine Kutsche ohne Pferde gesehen, auf der ein Mann saß: „Wer da durch den Wald fuhr, war, wie die Frau deutlich sah, der verstorbene Sonntag." Bauern sollen ihn hoch zu Ross gesehen haben oder als schwarze Gestalt, „die immer größer wurde, glühende Augen hatte und schrecklich anzusehen war". Drei Zechbrüder seien am Mauracher Bergle von einer Geisterhand gepackt und in den Graben geworfen worden, nachdem sie gerufen hatten: „Kriz Sakrament Sonntag, Kriz Sakrament Sonntag, komm her, wenn du ebbis wit!" Auch als Hund sei der ruhelose Geist erschienen, habe jeden „mit halb tierischem und halb menschlichem Gebell und Geschrei"

Friedhof an der Severinskapelle

verfolgt. Außerdem ist von einem geisterhaften Ziegenbock und einer Invasion schwarzer Katzen auf dem Mauracher Hof die Rede. Derartiges ist heute bei einem Besuch der urigen Wirtschaft natürlich nicht zu befürchten…

„Türlekapelle" bei St. Peter/Glottertal

3

Das „Türle" im Glottertal

Im oberen Glottertal heißt ein Berg „Türle", dort steht an der Grenze zu St. Peter die „Türlekapelle", das volkstümliche Heiligtum der Siedlung Rohr. Bei dieser Stelle verläuft ein alter Weg, der vom Glottertal auf die Höhe führt und als Römerweg bezeichnet wird. Mit ihm hat offenbar das „Türle" zu tun.

Es geht um einen schwarzwaldüberquerenden Weg zwischen den Kastellorten Riegel und Hüfingen, „der nach jüngsten Erkenntnissen mit großer Wahrscheinlichkeit durch das Glottertal führte", wie es 1999 in den Archäologischen Nachrichten aus Baden heißt. An diesem Weg und in seiner Nähe liegen mehrere Fundstellen, die römische Siedlungen anzeigen: schon westlich von Denzlingen, wo sich der Abzweig von der großen Straße im Rheintal befand, dann am Denzlinger Berg und am Eingang in das Glottertal (im Gewann Schweizermatte). Aus dem Glottertal sind ein paar Funde bei der Kirche vermerkt, aber dort kommt noch der Bergbau hinzu. Die Römer haben wahrscheinlich bereits die Silberberge ausgebeutet, denn der „antike Straßenzug durch das Glottertal“ führte an ihnen vorbei, am Eichberg und Kappenbühl, wo dann im Mittelalter bedeutende Reviere bezeugt sind.

Im oberen Glottertal folgt nun die Stelle, wo der so genannte Römerweg das Tal verlässt und auf das „Türle“ führt. Bevor das Tal eng wird, macht sich der Weg selbständig. Er steigt bei der Gschwander Säge den Hang hinauf, ein ziemlich steiler Karrenweg ohne besondere Anzeichen einer größeren Bedeutung. Nur die Maronibäume fallen auf, die ja durch die Römer ins Land kamen.

Der Weg wird offenbar kaum noch benutzt, an manchen Stellen ist er zugewachsen, an anderen vom Regenwasser zerfurcht oder mit Ästen übersät. Kaum zu glauben, dass er bis Mitte des 19. Jahrhunderts die eigentliche Verbindung zwischen Glottertal und St. Peter war.

Ein schöner Moment folgt endlich ganz oben, wo der Weg den Wald verlässt und plötzlich die Weite vor dem Wanderer liegt – vom Bergland am Kandel und bei St. Peter bis hinüber zum Feldberg und Schauinsland. Hier leuchtet auch der Name des Ortes ein, der Flurname „Türle“, wie er vom Volksmund gedeutet wird: „als Tor zum Schwarzwald und zum Rheintal“, so der Heimatkenner Klaus Weber in St. Peter. „Der Name ›Turli‹ ist keltischen Ursprungs und wird bereits in der Grenzbeschreibung des Klosters St. Peter um 1200 als ›der lange Felsen auf dem Berg Turli‹ und als Grenzmarke erwähnt."

Auf dem Felsen steht heute die „Türlekapelle", wo sich die Ausblicke noch steigern. Hier wird eine keltische Kultstätte oder ein heidnisches Hirtenheiligtum vermutet. Vielleicht war hier auch eine Signalstation, diese Vorstellung drängt sich ebenfalls auf.

In eine ganz andere Richtung gehen die Überlegungen, die sich um den Römerweg drehen. Was könnte nach dem steilen Anstieg vom Glottertal her auf der Anhöhe gebraucht werden? Ein Rasthaus wahrscheinlich, eine Vorspann- und Umspannstation, wie es heute nicht ausgeschlossen wird. So etwas wäre im Bereich der Rohrer Höfe wahrscheinlich, der späteren Siedlung Rohr, die nach Weber „in einem engen Zusammenhang mit dieser alten Wegverbindung" stand. Nicht entlang der „felsigen, engen Glotterschlucht, der späteren Ränke" seien die frühen Siedler auf diese Hochfläche gekommen, sondern „am Stecklebächle aufwärts in Richtung Kandel" hätten sie den „Türlefelsen" erreicht.

Ein idealer Platz für eine Kapelle, hat sich später der Bauer Johann Ruf gesagt und 1873 die erste „Türlekapelle" bauen lassen. 1899 wurde sie abgerissen und eine neue gebaut. Sie gilt als „Bauernheiligtum vom Rohr" und enthält eine große Barockmadonna mit Strahlenkranz.

Hier ist ein guter Ort für eine Pause, bevor es dann bequemer als im ersten Teil der Wanderung und fast immer sehr aussichtsreich in Richtung Sägendobel und weiter bis nach St. Peter geht. So wäre das „Türle" an einem halben Tag zu erleben – und eine Reise durch die Zeiten gemacht.

4

Suggental, „Urgraben" und ein Menhir

Nach dem Abstecher in das Glottertal sind wir wieder am Eingang in das Elztal und wenden uns dem kleinen Suggental zu, wo der alte Bergbau seine Spuren hinterlassen hat und Sagenhaftes in der Luft liegt.

Im Gelände sind noch Vertiefungen zu erkennen, so genannte Pingen, wo früher Schächte waren, und die Bauern haben immer wieder berichtet, dass der Boden eingebrochen sei. Das Tal und seine Berghänge sind „von einem dichten Netz unterirdischer Gänge durchzogen", so der Heimatforscher Willi Thoma. „Wer jetzt durch das stille, anmutige Suggental wandert, kann sich kaum vorstellen, dass sich in diesem Tal einstmals das laute Treiben der Bergleute entfaltete, die Pochwerke lärmten, die Schmelzöfen rauchten und die Kohlenmeiler qualmten."

Die „Bergbauforschungsgruppe Suggental" hat verschiedene Stollen geöffnet und zugänglich gemacht. Der Kontakt zu den Leuten ist über die Waldkircher Stadtverwaltung zu bekommen. Eine Führung in den Untergrund vermittelt viel von der Materie. Die Eingänge sind im oberen Tal an der Straße, ein Holzturm am Hang zeigt unübersehbar die Stelle an.

Im Mittelalter wurde hier vor allem Silber gewonnen, später haben die Österreicher das Bergwerk erweitert, und im 20. Jahrhundert wurde bis in die 30er-Jahre Schwerspat geholt. Die Stollen aus den jüngeren Phasen, als schon mit Sprengungen gearbeitet wurde, sind relativ gut zu begehen; in den

Bergwerkstollen im Suggental

ältesten Teilen, mit Schlägel und Eisen in den Fels gehauen, wird es eng und nieder, gebückt geht es langsam voran.

Für diese Stollen interessieren sich die Forscher besonders, denn hier haben sie es mit dem Untergang des Suggentals zu tun, das damals ein blühendes Bergbaurevier war, so dicht besiedelt, „daß die Katzen von der Elz bis zum obersten Hof im Thal auf den Dachfirsten spazieren konnten", heißt es in der Überlieferung. Aber im Jahr 1298 sei das Tal bei einem Unwetter überschwemmt worden und von der ganzen Einwohnerschaft nur ein alter Mann mit seinem Sohn am Leben geblieben sowie ein Baby in seiner Wiege, die auf den Fluten schwamm.

„Man hatte zur Betreibung der Pumpenkünste weiter oben im Tal einen Stausee gebaut", erzählt einer der Männer vom Bergbauverein, „der Staudamm ist bei dem Unwetter gebrochen, und die ganze Anlage wurde unter Wasser gesetzt. Dabei sind etwa 300 Bergleute in den Stollen ertrunken ..."

In der Sage wird die Katastrophe als ein Strafgericht Gottes gedeutet: „Auf der heutigen Schloßmatte stand ein stattliches Grafenschloß. Darin, wie auch in dem ganzen Orte, herrschte großer Reichtum, zugleich aber ungemeine Hoffahrt und Üppigkeit." Als die junge Gräfin mit dem Oberhauptmann der Bergleute Hochzeit feierte, sei der Übermut so groß geworden, „daß die Gäste das Weiche im Weißbrot herausschnitten und in den hohlen Krusten, als wären es Schuhe, herumtanzten".

Mitbeteiligt an der Sintflut, die darauf folgte, war vermutlich eine künstliche Wasserleitung, der „Urgraben", der von der „Platte" auf dem Kandel am oberen Rand des Glottertals entlang ins Suggental führte. Dort wurde die gesammelte Wasserkraft für den Bergbau genutzt.

„Welche gigantische Arbeit dazu gehörte", so Josef Ruf 1923, „kann kaum der ermessen, der es versucht, den Spuren dieses über 15 km langen Kanals nachzugehen. Sprengmittel gab es damals noch nicht, und doch sahen wir im oberen Glottertal (in des alten Vogts Wald) einen mächtigen Felsen durchbrochen. Es ist fast unbegreiflich, wie man Wasser durch dieses metertiefe Fels- und Steingeröll leiten konnte, ohne es versickern zu lassen. Wahrscheinlich waren streckenweise Boden und Seiten des Kanals mit Holz ausgekleidet. Über Breite und Tiefe kann man nur unsichere Angaben erhalten. Jedenfalls war es ein starkes Wasser, das durch den Urgraben ins Suggental geleitet wurde. Sind es doch lauter wasserreiche Bergbäche, die durch den Kanal aufgefangen wurden."

Die ganzen Gewässer vom Ost- und Südhang des Kandels wurden zu einer beachtlichen Energiequelle zusammengefasst – ein technisches Meisterwerk, „das bei Historikern und Geologen späterer Generationen Zweifel und ungläubiges Staunen auslöste". Wie der Waldkircher Forscher Willi Thoma berichtet, hat man diese Wasserleitung „nicht nur den Römern und Kelten zugeschrieben, sondern auch ins Reich der Fantasie und der Fabel verwiesen, als Werk des Teufels verdächtigt und schließlich als romantische Ausschmückung eines Bergwerkunglücks angesehen". Doch eine Urkunde von 1284 gibt einen sicheren Hinweis: Damals erlaubte Graf Egon von Freiburg das kühne Projekt.

Heute sind im Gelände noch Spuren zu erkennen, und auf der Wanderkarte helfen die Namen „Urgrabenhof" und immer wieder „Urgraben" oder „Urweg" dabei, den Verlauf zu erkennen: vom Zweribach auf der „Platte" zum Oberlauf der Glotter, dann weiter im Gebiet Sägendobel und Rohr.

Dabei richtet sich das Interesse auch auf die höchste Stelle des ganzen Systems, den „Bockhornbrunnen“ oberhalb des Plattenhofs im Quellgebiet des Zweribachs. Dieser Ort war den Menschen offenbar schon in viel früheren Zeiten wichtig, denn hier stand „mitten im Wald ein hoher, senkrechter Stein, das so genannte Bockhorn; wohl ein keltischer Menhir“, so Josef Ruf 1923. „Im 18. Jahrhundert wurde dieser Stein durch einen Baumsturz umgekippt. Heute noch heißt die Quelle, die an dieser Stelle entspringt und später den Zweribach bildet, Bockhornbrunnen.“

Über das weitere Schicksal des merkwürdigen Steins, der schon Anfang des 12. Jahrhunderts in den Aufzeichnungen des Klosters St. Peter mit dem Namen „Buggenhorn“ erscheint, berichtet 1982 der Waldkircher Heimatforscher Hermann Rambach. Nach seinen Informationen sollte der umgeworfene Stein im 18. Jahrhundert wieder aufgerichtet werden, was jedoch nicht weiter verfolgt wurde. So blieb er „bis vor wenigen Jahren verschollen“, also bis in die 1970er-Jahre.

„Auf seltsame Weise kam wenigstens ein großer Teil eines Steines, der diesem entsprechen dürfte, als Treppenstufe am Plattenwirtshaus zum Vorschein. Wie schon immer vermutet, war das Buggenhorn ursprünglich ein Menhir. Der gefundene Oberteil deutet jedenfalls nach Form und Aussehen auf ein solches frühgeschichtliches Kulturdenkmal. Das Buggenhorn hat im Laufe der Zeit den Namen Bockhorn erhalten. Vielleicht waren damals noch Erinnerungen wach an einen vorchristlichen Kult, der hier wie anderwärts gerne mit dem Teufel in Verbindung gebracht wurde. Die aufgefundene Spitze des Bockhorns befindet sich im Elztäler Heimatmuseum in Waldkirch.“

Im Quellgebiet des Zweribachs

So hat nun der Blick in das „versunkene Tal“ über den „Urgraben“ auf den Kandel geführt und etwas von diesem geheimnisvollen Berg entdeckt. Ein Vorgeschmack auf die sagenhaften Seiten, die am Kandel besonders ausgeprägt sind.

5

Der Kandel

Wie ein „Fudschijama des Breisgaus“ erscheint er majestätisch von der Ebene aus, und bei Schnee leuchtet seine Kuppe; dann fegen wieder Wolken, vom Westwind getrieben, über den Gipfel, und der „wilde Jäger“ zieht an der Spitze eines Geisterheeres durch die Lüfte.

Als Treffpunkt der Hexen galt früher der Kandelfelsen, die „Teufelskanzel“, hierher sollen die wilden Weiber in der Walpurgisnacht geflogen sein, um orgiastisch zu feiern. Und es war eine Ironie der Geschichte, dass der markante Felskopf (am Hang unterhalb des Hotels) im Jahr 1981 ausgerechnet in der Walpurgisnacht abgestürzt ist. Dazu wurde noch zwischen den Bruchstücken ein Reisigbesen gefunden, was für zusätzliche Aufregung sorgte.

Sie war vielleicht deshalb so groß, weil mit dem Kandelfelsen der empfindliche Punkt getroffen war, wo nach der Sage ein unterirdischer See hervorbrechen und das Elztal überschwemmen könnte. In verschiedenen Versionen geht es um Versuche des Teufels, diesen Felsen wegzuräumen und so den Verschluss zu öffnen. In Gestalt eines Jägers überredet der Böse einen Hirtenbuben, mit einem Gespann Ochsen den Felsen wegzuziehen, aber als dieser nach alter Gewohnheit rief: „Voran denn in Gottes Namen!“, brach ein Unwetter los, die Erde zitterte, und im Innern des Berges erhob sich ein Rauschen und Toben, „als ob der Sturm ein ganzes Meer aufwühlte... Im Nu verschwand der Jäger, und aus dem Gebüsche reckte sich der schwarze, mit langen spitzen Zähnen besetzte Rachen eines Ungeheuers mit fürchterlichem Gebrülle, welches das im Berg noch überschallte, dem Knaben entgegen.“

Einen ähnlichen Versuch machte ein „fremder Mann mit einer außerordentlichen Menge lebender Füchse. Er schlug in den Kandelfelsen einen goldenen Lotkeil und spannte an dessen Ring die Füchse, einen vor den anderen...“ Genauso erfolglos blieb „eine Schar Hexen, die einst mit gläsernen Äxten den Kandelfelsen durchhauen“ wollten. Sie wurden vom Geläut der Margarethenglocke in der Waldkircher Stiftskirche vertrieben.

Auch bei dem „dumpfen Niedergang eines stolzen Felsenturms“, so die Badische Zeitung 1981, hatten die Hexen kein Glück. Da „nur“ das Oberteil brach, blieb der See im Kandel verschlossen – und ängstliche Gemüter konnten wieder ruhig schlafen.

Seltsam geformte Felsen haben die Menschen schon immer beschäftigt. „Wenn der Nebel um die Felsen wallt, scheinen sie sich zu bewegen und auf geheimnisvolle Weise zu leben“ (Willi Thoma). Oft wurden sie als heidnische Kultstätten gesehen, wie es in den Namen „Heidenstein“ und „Heidenkirche“ zum Ausdruck kommt. Über den Kandelfelsen sagt Adolphe Landspurg, der Rutengänger aus dem Elsass: „Ich glaube, daß der Kandelfelsen auch die Erinnerung an Opfer gespeichert hat, die am Rand der Klippen hier vollzogen wurden. Diese Opfer an die Götter waren Bestandteil eines heiligen Rituals, dessen Schwingungsfarbe wir gemessen haben. In der Erinnerung des Volksmundes ist der Kandelfelsen Treffpunkt aller Hexen und Hexer des Breisgaus geblieben.“

In den Vogesen sind sonderbare Felsen oft mit Feen verbunden und mit weiß gekleideten Frauen, die dort tanzen. Das fällt in den elsässischen Sagen auf. Es gibt also noch andere Geschichten an solchen Orten, nicht nur mit Hexen und dem Teufel wie hier. Vielleicht sollte auch der Kandelfelsen eine neue Prägung bekommen, als der alte Kopf abgestürzt ist.

6

Die „Neun-Geschwister-Kapelle" bei Waldkirch

Am Wanderweg von Waldkirch nach Siensbach taucht ein seltsamer Name auf: Die „Neun-Geschwister-Kapelle" wird angekündigt, und kurz vor dem Ziel folgt noch ein Schild, sonst würde man das bescheidene Häuschen fast übersehen. Denn diese Kapelle steht nicht weit sichtbar auf einem Hügel, sondern versteckt in einer Mulde an einer feuchten Stelle. Die Verbindung mit einer Quelle fällt auf, das Wasser ist sogar direkt neben dem Altar im Boden zugänglich.

Es wird angenommen, dass hier schon ein vorchristliches Heiligtum war. Aus einem ursprünglichen Fruchtbarkeitskult sei zu verstehen, warum drei Frauen mit reichem Kindersegen auf drei Altarbildern prangen: die heilige Felicitas, die heilige Symphorosa und die Makkabäische Mutter mit ihren jeweils sieben Söhnen. Diese Frauen aus der christlich-jüdischen Glaubenswelt sind wohl als Nachfolgerinnen heidnischer Göttinnen zu sehen. So wird es in der örtlichen Überlieferung dargestellt.

Eine vierte kinderreiche Mutter kam später hinzu: die heilige Notburga, eine vertriebene schottische Königin, die üblicherweise mit ihren neun kleinen Kindern auf den Armen dargestellt wird. Nach ihr wurde die Kapelle „Notburga- oder Neungeschwisterkapelle“ benannt. Es war eine Übernahme aus Bühl im Klettgau, wo die Legende ihren Ursprung hat. Dort soll die Notburga neun Kinder geboren haben, dort wird sie als Schutzpatronin der ganzen Landschaft verehrt. Über den Elztäler Ableger berichtet eine Sage (bei Schreiber, 1898): „Sie gebar 9 Kinder und kam mit diesen bald darauf auf einen Felsen in einem Eichwalde bei Siensbach. Dort hieß sie ihre Magd gegen den Felsen schlagen, worauf reines Wasser herausfloß, mit dem sie ihre 8 Kinder taufte, eines war schon tot.“ Auf einem verschwundenen Wallfahrtsbild war die Heilige früher zu sehen, jetzt erinnert nur noch ein ausgelegter Text an sie.

Die Kapelle ist nach Auskunft der Betreuer neuerdings immer geöffnet. An Sonntagen findet um 15 Uhr eine Rosenkranzandacht statt. Bei dieser Gelegenheit sind Einheimische zu treffen, die eine nähere Beziehung zu diesem Ort haben. Danach bietet sich ein Weg in Richtung Kollnau an – unter einer Betonbrücke der Schnellstraße hindurch und am Platz eines Hundesportvereins vorbei. Kaum zu glauben, dass in dem unscheinbaren Dobel eine uralte Kultstätte zu finden ist.

7

Der Hörnleberg im Elztal

Im Elztal fällt er immer wieder auf, dieser spitze Berg dort hinten, der sich von den anderen Bergen unterscheidet – in seiner Form und Bedeutung. Denn dort oben soll sich schon in vorchristlicher Zeit eine Kultstätte befunden haben. Es sei uralte Tradition, so schreibt ein Chronist vor zweihundert Jahren, „daß auf dem Hörnleberg ein heidnischer Sonnentempel gestanden, bey Einführung des Christentums aber in eine Marien-Kapelle sey verwandelt worden".

Zu diesem Bergheiligtum pilgern die Menschen aus dem Elztal und aus der Umgebung auch heute mit besonderer Vorliebe, wie sich an den Wochenenden zeigt. Da werden (von Mai bis November) Gottesdienste gehalten, und die Pilgergaststätte ist geöffnet. „Schön und wichtig ist, dass sich im Anschluss an den Wallfahrtsgottesdienst die Menschen noch versammeln können zum Vesper, zum Frühstück", so erzählt der Pfarrer Lukas Wehrle. „Und das macht eigentlich auch diesen Ort aus, dass so das geistliche Wohl mit dem leiblichen Wohl zusammenkommt."

Der Pfarrer wohnt in Oberwinden, dort beginnt auch der klassische Aufstieg. Zuerst noch schöne Ausblicke, dann durch den Wald steil und steinig hinauf, ein richtiger Büßerweg. Oder mit dem Auto ebenfalls von Oberwinden bis zu einem Waldparkplatz, von dem es nur noch eine halbe Stunde zu Fuß bis zum Gipfel ist. Bis zur Kapelle, nein, sie ist eine richtige kleine Kirche mit einer langen, wechselvollen Geschichte, mehrmals durch Blitzschlag zerstört und immer wieder aufgebaut.

Besonders eindrucksvoll ist die Position in der Landschaft auf diesem „Hörnle" über dem Elztal. „Und das ist ja auch mehr als nur eine äußere Wander-Erfahrung", so Pfarrer Wehrle. „Der Mensch, der den Berg besteigt, der lässt das Tal zurück und damit auch viele innere Täler, er lässt Schwierigkeiten zurück, sie werden klein von oben, nicht nur die Häuser, sondern eben auch Probleme. Man gewinnt oben einen Ausblick, nicht nur nach außen, sondern auch irgendwie über das Leben."

Die Legende erzählt über den Anfang der Wallfahrt, dass ein blinder Mann im Elsass versprochen hatte, auf dem Berg eine Kapelle zu stiften, den seine Augen zuerst erblicken würden, wenn er wieder sehen könnte. In einer anderen Version heißt es, der Elsässer sei nicht blind gewesen, „aber unerträgliche Schmerzen hätten ihn nachts geplagt, so daß

Auf dem Hörnleberg

er jeweils sehnlich die Sonne und den Tag erwartet hätte“, wie Josef Weber schreibt. „Eines Morgens sah er in der Sonne, die hinter dem fernen Hörnleberg aufging, mehrmals die Gottesmutter mit dem Kind. Er gelobte eine Kapelle auf diesem Berg zu errichten, wenn seine Schmerzen wegblieben. Er wurde gesund und hielt sein Versprechen.“

Die Legende legt den ersten Kapellenbau ins 8. oder 9. Jahrhundert. Urkundlich erscheint die „capella uf dem Hörnlin“ erstmals 1469. Wie aus dem Verzeichnis der Wallfahrten weiter zu erfahren ist, war der Besuch besonders im 18. Jahrhundert sehr stark. Damals kamen „aus dem Breisgau, dem Elsaß, den fürstenbergischen und württembergischen Landen oft bis zu 3000 Pilger an einem Tag“. In unserer Zeit gibt Josef Weber eine durchschnittliche jährliche Besucherzahl von 10 000 Personen an.

Am Hörnleberg

Am „Hörnlepfad"

„Der Berg hat irgendwie eine Ausstrahlung auf die Menschen", sagt Pfarrer Wehrle, „und zwar nicht nur auf ganz fromme Leute, die jeden Sonntag in die Kirche gehen. Ich treffe oben immer wieder auch Menschen, die nicht so sehr den engen Kontakt zu einer Pfarrgemeinde haben, aber die sagen: Wir lieben den Hörnleberg."

An verschiedenen Seiten führen Wege hinauf, außer dem bekanntesten bei Oberwinden auch bei Bleibach und Alt-Simonswald. Ein vierter kommt auf der Höhe dazu: der „Hörnlepfad", eine weniger bekannte Verbindung mit dem Bergland hinter dem Hörnleberg in Richtung Tafelbühl und Rohrhardsberg. Dieser Pfad schlängelt sich durch ein abwechslungsreiches Gebiet mit Felsgruppen und interessanter Vegetation. An manchen Felsen sind christliche Kreuze angebracht – Zeichen an einem alten Pilgerweg.

Und auf dem Tafelbühl weist ein Bildstock in die Sagenwelt:

Mit einem geisterhaften Schimmel hatte es ein Bauer aus Yach hier zu tun, als er vom Hörnleberg nach Hause wanderte. Er war nach einem längeren Aufenthalt in der Pilgerwirtschaft verspätet unterwegs, wurde von der Dunkelheit überrascht – und auf dem Tafelbühl von einem Schimmel erwartet, der aussah wie sein eigener. Von ihm ließ er sich nach Yach tragen, wo der eigene Schimmel aus dem Stall schaute und der fremde sofort kehrtmachte, um den schockierten Mann wieder auf den Tafelbühl zu bringen und an der gleichen Stelle abzuwerfen, wo der unheimliche Ritt begonnen hatte.

So wurde der Bauer bestraft, weil er vorher im Wirtshaus Karten gespielt hatte statt in den Gottesdienst zu gehen, wie der sagenkundige Willi Thoma interpretiert. „Der erzieherische Zweck der Sage ist offenkundig." Doch könnte die christliche „Warn- und Bestrafungssage" ihre mythologischen Wurzeln in heidnischer Zeit haben, als weiße Pferde bedeutsam waren.

Die Sage weist ja nach Yach – in eine Gegend mit urtümlichen und mysteriösen Plätzen. Bevor diese Welt vorgestellt wird, führt ein Abstecher in das obere Simonswäldertal zu einem fast vergessenen Bergheiligtum.

Im Kilpachtal

8

Kilpensträßle und Hohe Steig bei Obersimonswald

Von der Straße nach Furtwangen zweigt in Obersimonswald am Gasthaus „Engel“ das alte Kilpensträßle ab und führt in ein stilles Tal. Nur wenig erinnert noch daran, dass dieser Weg eine große Bedeutung hatte, bevor die kurvenreiche Straße über Gütenbach gebaut wurde. Die Kilpenstraße war bis Mitte des 19. Jahrhunderts „die für Furtwangen und Umgebung lebenswichtige Verkehrsverbindung zum Rheintal und für das Uhrengewerbe der erste Schritt auf dem langen Weg zu den Absatzmärkten in Frankreich und England“, so Hans-Jürgen Wehrle (Simonswald). Heute sind hier manchmal Wanderer unterwegs, ab und zu fährt ein Anwohner vorbei, sonst rauscht nur der Bach neben dem Weg und erzählt von alten Zeiten.

Viele Häuser gab es an der Kilpenstraße, Häuser von Bauern und Handwerkern, Taglöhnern und Gastwirten. Viele Menschen lebten von dem Betrieb auf der Straße, und als er aufhörte, zogen sie weg. „Von den damals 39 bestehenden Häusern sind bis zum heutigen Tag 24 verschwunden“, berichtet Wehrle 1997 und gibt zu bedenken, dass die nüchterne Zahl „verflochten ist mit zahlreichen Einzelschicksalen: mit dem Verlust der Wohnung, Nachbarschaft und engsten Heimat bei vielen Menschen“.

In den Jahrhunderten davor hatte die Bevölkerung immer wieder gelitten, wenn fremde Kriegsleute unterwegs waren. Bei den Vorstößen der Schweden und Franzosen in den Schwarzwald hatte der alte Weg eine verhängnisvolle Funktion. Und hier leisteten die Bauern erheblichen Widerstand, kämpften gegen die plündernden und mordenden Soldaten, wie eine ältere Ortschronik von Gütenbach (1904) berichtet: „Unter den Landleuten aber, die es wagten, den schwedischen Feind zu vertreiben oder wenigstens von sich abzuhalten, zeichneten sich besonders die Simonswälder mit den Kilpachern und unseren Vorfahren aus.“

Im Jahr 1634 schlugen die Simonswälder mehrere Angriffe der Schweden zurück, und als diese mit einer großen Übermacht wieder das Tal überfielen, flüchteten sich die Bauern, „2000 Stück Vieh zurücklassend, auf die Berge gegen St. Peter und durch den Kilpen in die dortigen waldigen Anhöhen, wo sie wahrscheinlich mit den Kilpacher und Gütenbacher Bauern die Schanzen auf der Hohensteig und an der Kilpenstraße anlegten“.

Am Berg Hohe Steig (mit Kilpenhof)

Ein Zufluchtsort war demnach der Berg Hohe Steig. Mit ihm hat es eine besondere Bewandtnis, denn auf seinem Gipfel stand eine bekannte Wallfahrtskapelle. In diesem Zusammenhang sei das Wort Kilpen zu sehen, abgeleitet von Kilch- oder Kirchsteige. Die Kapelle gibt es zwar heute nicht mehr, doch der alte Kultplatz – umgeben von einer kleinen Schwedenschanze – ist ein spannendes Ziel.

Der „Hohsteigweg" zweigt ganz oben im Kilpachtal ab, wo sich die Landschaft öffnet und weite Ausblicke möglich sind. Über dem Kilpenhof geht es in den Wald hinein, um den einsamen Platz zu erreichen, auf dem ein Kruzifix steht. Es erinnert an die verschwundene Kapelle und an die Geschichte des Ortes – wenn man die örtliche Überlieferung zu Hilfe nimmt. Nach der Chronik von Gütenbach soll hier schon um 1512 eine Muttergotteswallfahrt bestanden haben, die von einem Bruder betreut wurde.

An dem Kreuz macht ein seltsames Schild aufmerksam: „Die heiligen sieben Schläfer" ist dort zu lesen. Das erinnert an eine weitere Besonderheit, denn „mit der Zeit wurden neben der Mutter Gottes immer mehr diese 7 Schläfer verehrt", wie die Chronik erzählt. Nach der Heiligenlegende mussten sieben Jünglinge aus Ephesus bei der Christenverfolgung in eine Höhle flüchten, die dann zur Strafe zugemauert wurde. Die sieben Jünglinge fielen in einen Schlaf, der 175 Jahre gedauert haben soll.

„Noch heute werden diese 7 Schläfer verehrt, an Sonn- und Feiertagen kommen die Wallfahrer zu dem 7 Schläferbild, das nun in der Kirche zu Obersimonswald hängt; durch ihre Fürbitte hofft man von der Krankheit der Schlaflosigkeit befreit zu werden." So heißt es im Jahr 1904. Heute hängt das Gemälde im Pfarrhaus von Obersimonswald.

Kreuz auf dem Berg Hohe Steig

Nach dort hinunter – das ist eine der Möglichkeiten, den Rückweg vom Berg Hohe Steig zu gestalten. Eine andere besteht darin, das Kilpensträßle aufwärts zu wandern, über das Alt-Eck zum Gasthaus „Goldener Rabe“ und hinüber zur Bushaltestelle am Neu-Eck oberhalb von Gütenbach.

Es lohnt sich übrigens im Raum Gütenbach, auf merkwürdige Namen zu achten. Außer dem berühmten „Balzer Herrgott“ kommen die Teichschlucht sowie der „Spitzensteingrat“ als weniger bekannte Ziele in Frage, zwei wildromantische Gebiete westlich des Dorfes. Der „Spitzensteingrat“ erhebt sich über der alten Kilpenstraße in markanter Position. In dieser Felszone hat sich vermutlich einiges abgespielt – sie war als Beobachtungs- und Fluchtpunkt gut geeignet, als Refugium und vielleicht auch als Heiligtum. Nach der Gütenbacher Chronik soll auf dem Spitzenstein eine keltische Opferstätte gewesen sein. Dieser weit in das Simonswäldertal vorschauende Berggipfel sei „wohl die älteste Kultstätte Gütenbachs“.

„Wälder- oder Jägerpfad"

9

Im Bergland bei Elzach-Yach

Hoch oben über dem Tal von Yach sind rätselhafte Felsen und Plätze unsere Ziele, aber schon unten beim Dorf ist ein sagenumwobener Hügel zu beachten. Wir sehen ihn rechts hinten im Hinteren Zinken, wie dieser Teil heißt, wenn wir damit beginnen, auf dem Sträßle im Vorderen Zinken zu wandern. Der Hügel wird als „Schloßbühl" bezeichnet, „vor einem Jahrtausend soll hier ein Schloß gestanden sein, Überreste sind jedoch keine mehr zu finden".

Wie an vielen Orten berichtet die Sage von Schätzen und einem geisterhaften Hund als Wächter. Das Gold soll von einem grausamen und habgierigen Ritter stammen. Der

„Schloßbühl" wird auch „Teufelshofstatt" genannt. Vor noch nicht langer Zeit sei hier oben ein Mann aus dem Rauchengrund ermordet worden. Und jetzt sei es überhaupt nicht mehr geheuer.

Nach archäologischen Forschungen war die Burg auf dem „Schloßbühl" wohl in Fachwerkbauweise errichtet. „Deshalb finden sich auf dem Gelände auch keine Reste von Steinbauten", berichtet Gabriele Weber-Jenisch. Diese Burg sei von der Art gewesen, die man „Motte" nennt oder Turmhügelburg: Auf einem künstlichen Hügel stand ein Turm oder Haus, durch Wälle und Gräben geschützt.

Im Vorderen Zinken, dem wir nun folgen, deutet der Flurname „Schlößle" auf eine weitere Wehranlage hin. Was kann das bedeuten? „Aus heutiger, auf Autofahrstraßen ausgerichteter Sicht, erscheint die Anlage der beiden Burgstellen im hinteren Bereich des Yachtales wenig Sinn zu machen. Die Burg auf dem ›Schloßbühl‹ und die Warte auf dem ›Schlößle‹ kontrollierten aber wohl einen Saumpfad, der bis zur Mitte des 18. Jahrhunderts als einziger das hintere Elztal durchquerte und über den Rohrhardsberg nach Triberg und Furtwangen und weiter auf die Baar führte."

Ein Stück dieses Weges ist erhalten und bietet oben im Tal die willkommene Gelegenheit, von der Asphaltstraße auf einen urigen Pfad zu wechseln. Nach dem riesigen Steinbruch weist eine Tafel auf die Stelle hin („Wälder- oder Jägerpfad"). Über eine Viehweide geht es in den Wald hinein, wo der alte Weg verläuft. Kaum zu glauben, dass auf diesem abenteuerlichen Pfad ein wichtiger Verkehr stattgefunden hat. Heute macht er dem Wanderer natürlich große Freude, denn er führt über Stock und Stein durch stimmungsvolle Buchen- und Eichenwälder, die mit Felsen durchsetzt sind.

Der Siebenfelsen

Sie stimmen in die Welten ein, die weiter oben warten – sehr markant in der Felsgruppe Siebenfelsen. Der aufragende Teil sieht wirklich so aus, als seien sieben Blöcke zu einer hohen Figur gestapelt. „Überaus angenehm“ fand Adolphe Landspurg die Stelle, „die Schwingung des Ortes ist sehr stark“, so der Fachmann für Geomantie und Erforscher alter Kulturen in seinem Buch „Orte der Kraft“, in dem viele Felsplätze in den Vogesen und im Schwarzwald als energiereich und kultisch bedeutsam genannt sind.

Welche andere Funktion solche Bastionen in früheren Zeiten hatten und auch heute haben können, zeigte sich eines Tages am Siebenfelsen, als plötzlich sieben Jungbullen aus dem Wald gestürmt kamen und verängstigte Wanderer auf die Felsen – die Schutzburg – flüchteten. Die tierischen „Besucher“ schauten erstaunt.

„Besucher“ am Siebenfelsen

Im Belchwald bei Yach

Der Siebenfelsen ist ein beliebter Platz für eine Pause, bevor es hinauf in den Belchwald geht. Ein abwechslungsreicher Wanderweg führt Richtung „Gschasi“ bis zum „Eckle“, dem entscheidenden Orientierungspunkt, wo sich mehrere Wege treffen. Oberhalb dieser Kreuzung liegt im Wald ein riesiger Felshaufen und auf ihm ein rätselhafter „Schalenstein“ – das Ziel dieser Tour.

Davor sind noch Zwischenstationen am südlichen Hang möglich: ein Felsturm („Kreuzfelsen“) neben einer Kanzel mit Aussicht in das Tal von Yach und zum Rohrhardsberg hinüber, weiter hinten ein Platz mit Steinsetzungen am Boden, Spuren menschlicher Tätigkeit.

Solche Spuren weist schließlich der „Schalenstein“ auf, der nach einer spannenden Suche im Wald auf der Kuppe gefunden wird. Wie von Riesenhänden aufgehäuft erhebt sich

„Opferschale" im Belchwald

plötzlich eine Felsenburg. Sie lässt sich gut besteigen von einem rundlichen Brocken zum andern. Über Moose und Flechten hinweg ist bald die höchste Stelle erreicht, wo sich im obersten Stein eine Schale dem Himmel öffnet. Sie wird als „Opferschale" bezeichnet und mit alten Kulten in Verbindung gebracht, wie es von vielen Orten in den Vogesen bekannt ist.

Über die Verwendung solcher Schalen gibt es alle möglichen Vermutungen – aus dem Elsass aber auch eine konkrete Überlieferung: „Im elsässischen Niederbronn, wo einst eine keltische Diana als Quellgöttin verehrt wurde", so Hans Peter Duerr 1978, „trugen noch bis in unser Jahrhundert hinein Frauen, die sich eine Schwangerschaft erhofften, Wasser aus der Mineralquelle ins umliegende Gebirge und gossen es dort in die sogenannten Schalensteine."

Da wundert es kaum, dass manche „Keltenfreunde“ zu dem Felsen über Yach wandern, ebenso Wünschelrutengänger, die sich für alte Kultorte interessieren. „Unsere Messungen bestätigen“, so Landspurg, „daß wir uns am Gipfel des Belchberges tatsächlich an einer Stelle mit außergewöhnlich hoher Energie befinden.“ Andere kommen aus archäologischem Interesse in den Wald über Yach und schauen sich den Felsen an (der Blindenstein genannt wird). Josef Naudascher, ein Experte für Phänomene dieser Art, meint: „Der Blindenstein mit seinem altarförmig gestalteten Block, seiner Steinstufe, der symmetrisch eingetieften Schüssel und der daneben befindlichen Schleifstelle kann nur mit großer Fantasie als natürliches Gebilde angesprochen werden. Daher ist eine kultische Bedeutung des Blindensteins näherliegend.“

Dieser Forscher hat im Schwarzwald viele „Megalithanlagen“, wie er sie nennt, untersucht. „Ihre Plätze, Schüsseln, Schalen und Näpfe zählen zu den genormten Formen und Größen, die weltweit auf fast allen Gesteinsarten zu finden sind. Wahrscheinlich handelt es sich um prähistorische Kultanlagen, die dank des höheren Klimas jener Zeit bis in die Hochlagen verbreitet sind.“ Sie seien vermutlich seit der Steinzeit entstanden und „bis in die jüngste prähistorische Zeit“ genutzt worden. In ihrer Art würden sie einem Fund bei Jericho entsprechen, wo neben solchen Schalen „zahlreiche steinzeitliche Kultgegenstände und Steinwerkzeuge“ lagen.

Im Schwarzwald kommen „Schalensteine“ in verschiedenen Regionen vor. Aus der Gegend bei Hornberg berichtet Naudascher zum Beispiel über den „Herrgott- oder Opferfelsen“ bei Niederwasser, wo er nicht nur den bezeichnenden Namen, sondern auch „die darauf befindlichen Opferschalen“

sehr eindrucksvoll fand. „Möglicherweise fanden dort in abgeschlossener Waldeinsamkeit Opfer bis weit in die historische Zeit statt." Ähnlich sieht er eine „Megalithanlage" bei Hammereisenbach im Bregtal. Die Felsblöcke mit Schüsseln und Schalen heißen „Kuckucksweiher" und sind mit eingravierten Initialen versehen, besonders mit einem „Bann- oder Weihekreuz". Wahrscheinlich wurde auch diese Anlage „für kultische Zwecke bis in die historische Zeit benutzt".

Mit solchen Vergleichen gewinnen die Streifzüge durch heimische Wälder an Intensität. Vergessene Plätze beleben sich, andere Zeiten und Kulturen tauchen auf. Solche Beispiele lassen manches in einem neuen Licht erscheinen und regen dazu an, auch unscheinbare Dinge mehr zu beachten.

10

Der Wöpplinsberg bei Emmendingen

Die Hügel am Rheintal sind schon als Aussichtspunkte interessant, oft sind sie zudem geschichtsgeladen und mit Eigenarten der Natur ausgestattet. So stand auf dem Wöpplinsberg eine der ältesten Kirchen der Gegend – an einer Quelle, die als heilsam galt. Hier war die zentrale Kultstätte für die Menschen aus mehreren Siedlungen, auf diesen Hügel brachten sie auch ihre Toten hinauf und beerdigten sie bei der Kirche.

Heute erinnert noch eine Kapelle und ein alter Hof an die Bedeutung des Platzes. Und man fühlt sich hier so, wie es der alte Flurname „Auf den Lüften“ sagt. Er könnte aber auch „Auf dem Wasser“ heißen, denn die Klüfte des Wöpplinsbergs scheinen sehr wasserreich zu sein. Von diesem Berg wurden Mundingen und Nieder-Emmendingen früher mit Trinkwasser versorgt. Und in seinem Bauernhof wundert sich Gottfried Wagner immer wieder über den nassen Untergrund: „Unser Haus stoht uf siebe Quelle druf", erzählt er bei einem Besuch. „Un uf de untere Seite kumme – hauptsächlich, wenn's üppigi Niederschläge ware – an verschiedene Orte plötzlich Quelle rus. Neulich hämma e Treppefundament mache müsse – e Spate tief ischs Wasser dogschtande."

Das große Hofgut, schon im 12. Jahrhundert erwähnt, war früher Klosterbesitz, zuerst von Schuttern, dann von Tennenbach. In seiner Nähe stand jene Peterskirche (später St. Barbara), die für Nieder-Emmendingen, Mundingen, Keppenbach und andere Orte zuständig war. Sie hatte darüber hinaus als Wallfahrtsort eine größere Bedeutung, sicher auch wegen der Quelle, so geht aus den Berichten hervor. In manchen wird sogar ein vorchristliches Heiligtum angenommen: Der Wöpplinsberg zeige deutlich Spuren des „alten Quellen- und Nornenkultes".

Aus dem Mittelalter sind Frauen zu erwähnen, die hier aus religiösen Gründen ein ungewöhnliches Leben führten: eingeschlossen in ihren Klausen, deshalb „Inclusen" genannt. Im Tennenbacher Güterbuch wird eine Dienerin der „Inclusen" – eine Elsa vom Wöpplinsberg – genannt; sie war verpflichtet, die Eingeschlossenen zu versorgen.

Solche Klausen (oder Closen) gab es an vielen Orten, meist in der Nähe von Kirchen. Über die Close auf dem Wöpplinsberg ist allerdings wenig bekannt. Überliefert ist aber, wie die ganze Kultstätte dann später ein Ende fand: Im 18. Jahrhundert zerfiel die Kirche, der Friedhof wurde aufgegeben, und der Pflug ebnete alles ein.

„Wüstung Eichberghöfe“

Der Blick zum Hofgut erinnert schließlich daran, dass in der Umgebung mehrere Plätze verborgen sind, auf denen landwirtschaftliche Höfe des Klosters Tennenbach standen, heute jedoch der Wald regiert. Auf dem Eichberg wurden Grundmauern freigelegt und überraschen in der Waldeseinsamkeit. Ein weiterer Ort mit Gemäuer ist im Bruderhäusledobel (hinter dem Wöpplinsberg) zu entdecken: Ein kleiner Steinbau wird als Einsiedelei bezeichnet. „Erbaut im 12. Jahrhundert durch d. Kloster Tennenbach, zerstört im 30jährigen Krieg“, steht auf einer Tafel, „wieder aufgebaut durch die Freiw. Feuerwehr Köndringen mit Unterstützung d. Gde. Teningen in d. Jahren 1977-84“. Die Stelle liegt ganz hinten im Tal, wo sich zwei Quellbäche vereinigen. Die Wahl dieses Platzes, zu dem „Einsiedels Pfad“ führte, leuchtet auch heute noch ein.

„Bruderhäusle" bei Emmendingen

Wer aus dem Dobel auf die nächste Höhe steigt, findet nicht nur weite Ausblicke nach Freiamt hinüber, sondern auch die Ausflugswirtschaft „Stilzerfritz". Mit ihr hat es ebenfalls eine spezielle Bewandtnis, wie der Name schon andeutet. So wurde nämlich der frühere Wirt genannt, der ein Holzbein hatte, sich aber nicht unterkriegen ließ. Er bewältigte sogar den Weg nach Emmendingen regelmäßig zu Fuß, wie berichtet wird. Sein Motto „Der Wille siegt" steht noch in Stein gehauen am Hauseingang.

11

Der Nimberg bei Nimburg

Wer bei der einsamen Kirche auf dem Nimberg steht, hat einen großen Teil Breisgau vor Augen und einen geschichtsträchtigen Boden unter den Füßen. Hier könnte schon ein heidnisches Quellheiligtum gewesen sein, wie die Nimburger Ortschronik vermutet. „Später wurden die Bewohner des Kirchspiels mit dem Wasser jener Quelle getauft." Und als Kirchenpatron kam Johannes der Täufer dazu.

Die Quelle ist noch vorhanden: unterhalb der Bergkirche direkt am Weg. „Sie drohte in Vergessenheit zu geraten, wenn nicht schier unerschöpflich – selbst in den trockensten Jahreszeiten – lustig das Wasser sprudelte", so der Bericht aus dem Jahr 1977. Die Gemeinde sah damals im 1000-jährigen Ortsjubiläum einen Anlass, „diese nie versiegende Quelle, entsprechend ihrer historischen Bedeutung, neu zu fassen und der Öffentlichkeit besser sichtbar zu machen".

Aus der volkstümlichen Bezeichnung „Kinderbrinneli" geht hervor, dass ein alter Glaube vorhanden war. „Weithin über das Land kennt man die kuriose Mär von der Hebamme, die in bestimmten Brünnlein die kleinen Kinder hole... Es handelt sich nicht um das körperliche Kind, sondern um des Kindes Seele", so Ludwig Siegel in der Nimburger Schrift. Nach seiner Darstellung hat diese „Mär" ihren Ursprung in heidnischer Zeit, als die „Erdmutter und Seelenmutter Heel" verehrt wurde.

„Dieser Glaube an die Erdmutter war weit verbreitet, nicht nur im germanischen Raum, mehr noch bei den Kelten. Aber eine Ausprägung scheint in unserem Raum besonders stark gewesen zu sein: Die heiligen Quellen und die Figuren von Heels Mägden und Helferinnen... Heel gab aus ihrem Vorrat an Seelen eine solche der schwangeren Mutter. Die Überbringerinnen aber waren die Nornen oder Beeten... Einbeet, Willbeet und Worbeet waren etwa der dienenden Geister Namen. Doch die Namen wechselten; aber immer sind es drei... ›Die drei Matronen‹ nannten die Römer diese drei."

Auf dem Nimberg steht oberhalb der Quelle die ehemalige Klosterkirche der Antoniter, die hier von 1456 bis 1545 eine Niederlassung hatten. Vorher sind Mönche des Pauliner-Eremitenordens in Obernimburg erwähnt, wie der Ort hieß. Er war überhaupt schon früh besiedelt, römische Funde weisen auf Gebäude bei der heutigen Kirche hin. Für die Archäologen ergibt sich die Frage, ob diese Kirche über einem römischen Gutshof errichtet worden ist.

Zu dem Antoniterkloster ist zu bemerken, dass in ihm Kranke gepflegt wurden – oft von unheilbaren Seuchen geplagte Menschen. Nach der Klosterzeit richtete der Markgraf hier ein Spital ein. Es machte bald anderen Dingen Platz. Im Jahr 1804 ist von „vielen herrschaftlichen Meyerey-Gebäuden" die Rede und einem „vortrefflichen herrschaftlichen Keller von ungewöhnlicher Tiefe". Ein Plan aus jener Zeit zeigt oberhalb der Kirche die umfangreiche ehemalige Klosteranlage. Kaum zu glauben, was hier alles verschwunden ist – oder zum Teil noch im Boden steckt.

Als die Klostergebäude stückweise auf Abbruch verkauft wurden, ist offenbar ein „Schatz" in dem erwähnten Keller „angetroffen und gehoben worden". Seine Geschichte sei unter den älteren Bewohnern Nimburgs sehr verbreitet und wird in einem Bericht über neuere Forschungen (Archäologische Ausgrabungen in Baden-Württemberg 2003) mitgeteilt. Demnach ließ ein Weinhändler vor dem Ersten Weltkrieg die großen Steinplatten des Kellerbodens heben. Dabei sei man „auf eine Kassette o. Ä." gestoßen, „die aber an Ort und Stelle nicht geöffnet wurde". Die Arbeiten seien jedoch eingestellt und „die Helfer aus Nimburg bei Erhalt des vollen Tagelohns für den Rest des Tages nach Hause geschickt" worden. Mögliche Zeugen waren also entlassen – und das Weitere bleibt im Dunkeln.

In dem archäologischen Bericht wird aber darauf angespielt, was für ein Fund es gewesen sein könnte. Als eine „direkte Parallele" für das Versteck unter einer Bodenplatte wird ein römischer Tempel in Frankreich angeführt, „und kein Geringerer als Heinrich Schliemann schickte bei Entdeckung des ›Goldschatzes des Priamos‹ seine Arbeiter vorzeitig nach Hause".

12

Bei den „Heideköpf" in Riegel

Im Boden von Riegel wurden immer wieder Funde aus römischer Zeit gemacht. Eine größere Siedlung befand sich hier an der Kreuzung wichtiger Straßen und hat ihre Spuren hinterlassen. Ein besonderer Fund war das Mithras-Heiligtum, weil dort ein Kult aus dem alten Persien zum Vorschein kam. Der persische Lichtgott Mithras am Kaiserstuhl! Ein exotischer Ort.

Vom Orient aus hatte sich dieser Kult im Römischen Reich ausgebreitet. Im Ritual ging es darum, dass Mithras einen Stier tötet. „Fleisch und Blut des Tieres brachten – so der Glaube – die Welt und alles Leben hervor", wird auf einer Tafel am Ort erklärt. „Diese welterschaffende Heilstat des kosmischen Erneuerers scheint von den Gemeindemitgliedern im Ritual als mystischer Schöpfungsakt gefeiert worden zu sein, an dem sie durch den symbolischen Verzehr von Brot und Wein teilhatten."

Ganz typisch für die Mithräen war ihre höhlenartige Gestaltung – in Rom richtig unterirdisch, in Riegel in den Boden eingetieft – als Bild des Kosmos, durch den die Seele wandert. Bei den Kulthandlungen lagerten die Teilnehmer auf seitlichen Podien, „Frauen waren freilich aus den Mithrasgemeinden ausgeschlossen".

Das Mithräum ist eine Station am archäologischen Rundweg, der heute die verschiedenen Fundstellen verbindet und erklärt: Siedlung und Markthalle, Tempel und Kastell. Dabei wird verständlich, dass Riegel einen Römerkopf im Wappen führt – nach dem die Riegeler „Heideköpf" genannt werden.

Mithras-Tempel (Altarstein)

Auf dem Rundweg macht ein flacher Hügel am nördlichen Ortsrand neugierig, der in jüngster Zeit Aufsehen erregt hat. Bei Ausgrabungen auf dem „Fronhofbuck“ stellte sich heraus, dass die römische Siedlung eine Vorgängerin hatte, eine „größere, unbefestigte keltische Siedlung der jüngeren Latènezeit (2. Jh. v. Chr.)“ auf dieser Lösskuppe an der Elz.

Jetzt fehlte nur noch ein keltischer Goldschatz, und wirklich wurde „außerhalb der nachgewiesenen Häuser“ ein keltischer Münzschatz gefunden, bestehend aus 27 Goldmünzen, „geradezu sensationell“, wie es auf einer Tafel heißt. Weshalb man die Münzen (in einem Tongefäß) vergraben hat, ist nicht bekannt. Mögliche Gründe reichen „vom Notgroschen, der in unruhigen Zeiten versteckt wurde und von seinem Besitzer nicht mehr gehoben werden konnte, bis hin zu einer Deponierung aus kultisch-religiösen Vorstellungen“.

Blick zum St. Michaelsberg

In Riegel zieht natürlich der markante Michaelsberg an, vor dem die „Pforte zur Breisgauer Bucht" liegt, wo Dreisam, Elz und Glotter zusammenfließen. Wie zu erwarten, sind von dem Hügel vorgeschichtliche Funde bekannt, eine Burg stand oben, eine Kapelle zog später die Pilger an. Aus dem 6. Jahrhundert stammte vermutlich der erste Bau. Vorher könnte auf dem Berg ein römisches Merkurheiligtum gewesen sein, wie der Heimatforscher Adolf Futterer in den 1920er-Jahren annahm. Bei der Christianisierung sei Merkur durch den Erzengel Michael abgelöst worden.

Die Kapelle wurde im Jahr 969 zum ersten Mal schriftlich erwähnt und im 12. Jahrhundert als Burgkapelle integriert, war um 1400 verfallen und entstand später neu. Nach den Zerstörungen des Dreißigjährigen Krieges wieder aufgebaut, bekam sie dann eine größere Bedeutung als Wallfahrtsort – und im 19. Jahrhundert als touristisches Ziel.

Um Einheimische und Fremde auf den Berg zu locken, hat im Jahr 1843 ein Amand Hensler von Riegel „die Camera obscura mit großen Kosten herstellen lassen": Aus einem „Fremdenzimmer" neben der Wohnung des Kapellenwächters „konnte man gegen Entrichtung eines Eintrittsgeldes durch verschiedenfarbige Scheiben die unten liegende Landschaft betrachten und sich an dem einzigartigen Rundblick erfreuen". Wie rührend einfach diese Mittel waren im Vergleich zur heutigen Zeit.

Heute kann es jedoch vorkommen, dass Leute mit ebenfalls einfachen Mitteln anzutreffen sind, nämlich Wünschelrutengänger, die sich für Kräfte und Schwingungen an alten Kultstätten interessieren – und von dem Ort sehr beeindruckt sind. Auch in dieser Hinsicht scheint etwas Besonderes an dem Hügel zu sein.

13

Heiliges Wasser in Endingen

Ein alter Brauch und ein mysteriöses „Tränenwunder" lenken den Blick nach Endingen am nördlichen Kaiserstuhl. Der Brauch hat als Termin die Heilige Nacht und als Medium das Wasser aus den Brunnen der Stadt. „Noch heute besuchen die Endinger Familien am Heiligen Abend nach der Bescherung und Christmette einen öffentlichen Brunnen", so heißt es in einer Publikation der Stadt aus dem Jahr 1994. „Mit Gebet und Gesang wird der Anbruch der Mitternachtsstunde erwartet. Schlag zwölf Uhr füllen die Endinger ihre Kannen und Becher an den Zuleitungen. Noch bevor der letzte Glockenschlag verklungen ist, muß ›Heiliwog‹ gefaßt sein.

Zurück in der Wohnung beschwört in der Regel der Vater: ›Heiliwog, Gottes Gob, Glück ins Hüs, Unglick nüss!‹ Das als gesegnet geltende ›Heiliwog‹-Wasser der Christnacht wird im Familienkreis getrunken. Reste von ›Heiliwog‹ schüttet man anschließend ins Weinfaß, aber auch in die Freßnäpfe der Haustiere. Geschätzt wird ›Heiliwog‹ das ganze Jahr über auch als Heiltrank im Falle von Krankheiten aller Art."

Endingen sei von allen badischen Orten die einzige Gemeinde, in der sich der Brauch „Heiliwog" am Christabend erhalten hat. Etymologisch werde „Heiliwog" von „heil wac, heilwäge = heilige Woge, geheiligtes Wasser" hergeleitet.

Als weiterer Ort der Wunder gilt in dem Städtchen die Kirche St. Martin, wo die „Weinende Muttergottes von Endingen" verehrt wird. Hintergrund ist ein „Tränenmirakel" im Jahr 1615: Am Vorabend von Christi Himmelfahrt weinen Maria und auch das Jesuskind auf ihrem Arm „über längere Zeit zahlreiche Tränen, die auch nach Abwischen der Augen und Wangen durch den Mesner stets wiederkehren. Dach, Wand und Altar über und bei der Statue erweisen sich bei der Untersuchung als trocken, wie ein amtlicher Protokollbericht mit zahlreichen Eidesunterschriften sagt." So wird das Geschehen in dem Buch „Wallfahrten im Erzbistum Freiburg" (Herausgeber Hermann Brommer) dargestellt.

In einem anderen Bericht (von Adolf Futterer) sind auch die näheren Umstände beschrieben, wie „die Kunde vom Tränenwunder" durch die Straßen und Gassen der Stadt eilte, wie sich immer mehr Neugierige einfanden und später unter Eid aussagten. Eine stattliche Reihe von ehrbaren Zeugen ist überliefert: Bürgermeister und Pfarrer, Ratsherr und Richter, Seilermeister und Schlosser, Büchsenmacher und Maurer.

„Dieses wunderbare Ereignis war und blieb ein Rätsel", so Futterer, es „machte nah und fern gewaltigen Eindruck" und wurde als Mahnung zur Buße verstanden. Was bedeuten die Tränen? „Ziehen furchtbare Katastrophen heran, um die glaubens- und sittenlose Menschheit zu züchtigen und zur Umkehr zu bewegen? Tatsächlich war schon im Februar eine solche Trockenheit, daß alle Brunnen im ganzen Land versiegten, und im Sommer überall ein so großer Mangel an Wasser, daß alles verdorrte und viele Menschen starben und Vieh verendete. Aber auch in politisch religiöser Hinsicht saßen damals die Menschen wie auf einem Vulkan, der zu jeder Zeit auszubrechen drohte." Deshalb mahnte kurz vor dem Dreißigjährigen Krieg ein „in Freiburg erschienenes Zeitungslied im Hinblick auf das Tränenwunder zu Endingen mit 14 Strophen zur Buße und Besserung".

Eine große Wallfahrt entstand und mit ihr das „Endinger Brunnen-Quellen-Lied", das bei der Lichterprozession am Vorabend von Christi Himmelfahrt gesungen wird. Zahlreiche Votivtafeln, Krücken und andere Votivgaben hingen in der Kirche, wurden aber nach 1900 entfernt, wie es heißt. In der wechselvollen Geschichte der Wallfahrt sticht ein enormer Aufschwung im Jahr 1934 hervor, als über 7000 Gläubige an den Feierlichkeiten teilnahmen. Heute kann von solcher Begeisterung keine Rede mehr sein, doch „seit neuerer Zeit kommen verstärkt Wallfahrtsgruppen aus ganz Süddeutschland und dem Elsaß".

Nach einem Besuch in Endingen wäre noch das Erletal hinter dem Städtchen zu empfehlen: ein Spazierweg unter Kastanienbäumen, ein Bach, ein Brunnen, ein Feuchtgebiet. Ein passendes Ambiente, um darüber nachzusinnen, welche Rolle heiliges Wasser in vielen religiösen Riten spielt.

14

Der Kahlenberg bei Herbolzheim/Ettenheim

Erstaunlich vielseitig und kontrastreich sind hier die Möglichkeiten, die ungewohnten Ausblicke und Einblicke, die Geschichten und Atmosphären an verschiedenen Orten: Unten macht ein verlassener Kalksteinbruch mit seiner geheimnisvollen Wildnis neugierig, oben erscheinen Obstgärten und Reben, ein ehemaliges Bergwerksgelände und eine Mülldeponie. An manchen Stellen sind Bergbauspuren zu sehen und neue Biotope, auch Tiergehege und Freizeitanlagen. Alte Wege führen über den Berg, der im 17. Jahrhundert als Hexentanzplatz galt. In einem Wäldchen ist eine Kapelle zu entdecken, ein kleiner Wallfahrtsort.

Auf einem Rundweg lassen sich diese Welten erleben – und noch ein paar mehr. Eine Ausnahme macht allerdings der verwilderte Steinbruch bei Herbolzheim. Er liegt nach dem Ortsausgang Richtung Ringsheim an der Hauptstraße und ist auf einem eigenen Abstecher zu erreichen. Sonst gilt für den Rundweg von Herbolzheim aus: beim Rathaus dem Hinweis „Königsweg“ folgen, unter Nussbäumen den Hang hinauf, an einem Brunnen vorbei bis auf den Bergrücken. Dort verläuft ein Kammweg, der „Dietweg“, ein alter Volksweg vom Bleichtal nach Ettenheim.

Auf ihm geht es nach Norden zu einem Aussichtspunkt, wo der Blick weit über die Landschaft schweifen kann, über die Rheinebene zu den Vogesen und über das „Heckenland“ hinter dem Kahlenberg zum Schwarzwald. In der Nähe sind auf Terrassen, die vom Bergbau (Eisen) stammen, Biotope zu betrachten, und es wird auf Tafeln erklärt, welche Tiere und Pflanzen da leben. Auch Geschichtliches scheint auf, weil an dieser Stelle der „Königsweg“ abzweigt, einer der alten Wege, die durch ihre Namen und ihren Verlauf im Gelände auffallen. Er führt an der Kammlinie zwischen Bleichtal und Münstertal (so genannt nach dem Kloster Ettenheimmünster) entlang; in alten Zeiten hat er wahrscheinlich zu Königsgütern geführt. Es gab ihn vielleicht schon bei den Kelten. Denn an diesem Weg, der sich über das Gebirge verfolgen lässt, häufen sich romanische Flurnamen und Heiden-Namen (wie Heidenkeller, Ringheidenbühl, Heidenhof und Heidenstein) – „möglicherweise das Indiz für ein keltisches Substrat“, so Josef Naudascher vom Archäologischen Arbeitskreis für Mittelbaden.

Aber zurück zum Kahlenberg und auf dem Höhenweg durch ein Wäldchen, durch eine Lindenallee zur Kahlen-

Marienkapelle auf dem Kahlenberg

bergkapelle. Sie soll von einem Ettenheimer Marienverehrer nach dem Dreißigjährigen Krieg aus eigenen Mitteln erbaut worden sein, um ein Gelübde einzulösen. Im 18. Jahrhundert war sie „von großer Bedeutung und wurde an den Freitagen ›wegen Fiebers‹ von weither aufgesucht". Am Kruzifix vor der Kapelle steht: „ALHIER BITTET EUEREN GOTT, DAS ER EICH WOLL ERRETHEN VON ALLER FIEBERS NOTH, 1752". Eine zweite Inschrift weiter oben sollte wohl die Krankheitsdämonen vertreiben: „FLIET IHR WIDERWERTIGE THEIL".

Nach der Kapelle folgt bald eine Stelle, wo der Höhenweg zum Hohlweg wird. In dieser „Kahlenberggasse", die als „eine der längsten Hohlgassen Deutschlands" bezeichnet wird, sind stimmungsvolle Passagen zu erleben. Dieser Weg ist es wert, auf einer eigenen Tour in seiner ganzen Länge bis

„Kahlenberggasse" bei Ettenheim

Ettenheim oder umgekehrt von dort aus begangen zu werden.

Jetzt soll aber der angefangene Rundweg weiter das Thema sein. Er verläuft über den Heuberg, wie dieser Teil (mit Aussichtsturm) heißt, und fasziniert wieder mit einer Vogelschau: im Osten in das Münstertal, im Norden über Ettenheim und Mahlberg bis nach Lahr, im Westen zu den Kirchtürmen von Grafenhausen und Kappel am Rhein. Der letzte Name lässt an die keltischen Gräber denken, die bei Kappel gefunden wurden und vielleicht von einer Höhensiedlung beim Rötelberg stammen. An diesem nordwestlichen Ausläufer des Kahlenbergs haben wahrscheinlich schon Kelten Eisenerz abgebaut.

In Richtung Ringsheim geht es nun hinunter – wieder mit geschichtlichen und sagenhaften Stationen: So heißt eine markante Wegkreuzung „Rappentanz“, weil es hier gespukt habe „und Rappen in besonderen Nächten sich zum Tanze trafen“. Auch der alte, naturbelassene Weg, der dann folgt, hat eine spezielle Bedeutung: Der Name „Totengasse“ erinnert daran, dass im frühen Mittelalter, als es in Ringsheim noch keine Kirche und keinen Friedhof gab, die Toten auf diesem Weg nach Ettenheim zum Friedhof getragen werden mussten.

Mit einer Überraschung kann schließlich Ringsheim aufwarten. An der Hauptstraße steht ein unscheinbarer Brunnen, der eine bemerkenswerte Geschichte hat. Er wird von einer Quelle gespeist, die schon in vorchristlicher Zeit als heilige Quelle galt. Aus ihr machten die christlichen Missionare eine Taufstelle und benannten sie nach Johannes dem Täufer. So lässt sich nach einem früheren Pfarrer von Ringsheim verstehen, was hinter dem Johannesbrünnle und hinter der Johanneskapelle steckt. Aus einer Schrift des Pfarrers Franz Schrempp ist weiter zu erfahren, dass die erste Kapelle bereits im Jahr 1225 bei der Quelle stand. Später habe die „Güte des Wassers“ ihm den Ruf eingetragen, „daß es ein heilbringendes Wasser wäre“. Als die kleinen Wallfahrten wie aus dem Boden schossen, „wallten bedrängte Menschen auch zur St. Johannesquelle zu Ringsheim. Sie wuschen ihre Augen mit dem Wasser des hl. Johannes oder tranken das helle Naß als vorbeugendes Mittel gegen Fieberanfälle.“ Heute wird in einer Schrift aus Ringsheim gewarnt: „Achtung: Kein Trinkwasser“.

Nach diesem kontrastreichen Ort, an dem der Autoverkehr braust, geht es bald wieder von der Straße ab und auf stillen Wegen zwischen Reben und Gärten am Berghang entlang nach Herbolzheim zurück. Dort bietet sich als Ziel oder Station einer anderen Tour die Wallfahrtskapelle Maria Sand an. Sie steht am südlichen Ortsrand in einem Hain aus alten Bäumen direkt am Bleiche-Flüsschen. Dieses Gewässer kommt auch in der Legende vor: Im Ufersand soll hier um 1556 jene spätgotische Madonna gefunden worden sein, die als „wundersames Gnadenbild" verehrt wird. Nach der Legende wurde die Tonfigur damals, als der Markgraf in seinem hachbergischen Gebiet die Reformation einführte, in Tutschfelden in den Bleichbach geworfen und bei Herbolzheim angeschwemmt.

Dieser Ort war immer hoch angesehen. Dafür spricht zum Beispiel ein Ereignis im Jahr 1652: „Nach Aufzeichnungen im Taufbuch der Pfarrei Herbolzheim legen die Frauen 130 Ellen selbstgefertigten ›Zwilch‹ (Leinen) zu einem Zelt zusammen, da die im Krieg zerstörte, notdürftig hergerichtete Kapelle Maria im Sand für die vielen Wallfahrer zu klein ist", wie der Heimatforscher Friedrich Hinn erwähnt. Heute ist immer noch ein erstaunlicher Zulauf zu beobachten. Viele Opferlichter brennen an der Lourdesgrotte neben der Kapelle, Menschen kommen und gehen, man merkt ihnen an, dass der Platz für sie wichtig ist.

Im Raum Herbolzheim wird anschließend an zwei weitere Orte mit wundersamen Geschichten erinnert. Ein Ort liegt hinten im Bleichtal, der andere vorne am Rhein. Beide hatten früher viel mit Wasser zu tun – mit seiner heilsamen und seiner zerstörerischen Kraft.

Am Kirnbach im Tal Kirnhalden

15

Kirnhalden und Kirnburg bei Bleichheim

Vom Bleichtal zweigt hinter Bleichheim das kleine Tal Kirnhalden ab, wo es früher einen „heiligen Brunnen“ und ein berühmtes „Wunderbad“ gab. Kaum jemand ahnt, welche Vorgeschichte das Anwesen hat, in dem sich heute das Pflegeheim „Haus am Berg“ befindet. Bis in das Mittelalter reichen die Wurzeln zurück – bis zu einem kleinen Kloster des Pauliner-Ordens, der „Einsiedelei zum heiligen Kreuz“.

Diese Mönchszelle wurde um 1355 an einer Quelle gegründet, von der es in späteren Zeiten heißt, sie habe heilende Wirkungen. Doch die Ortswahl hatte einen Haken, denn auf der anderen Seite floss der Kirnbach vorbei, der immer wieder Hochwasser brachte und schwere Schäden anrichtete. Gebäudemauern seien eingestürzt, Kühe bis an den Hals im Wasser gestanden, Schweine vom Bach mitgerissen worden und ertrunken. Dazu kamen die Verwüstungen im Bauernkrieg, und schließlich gaben die Paulinermönche auf.

Als Nachfolgerin kümmerte sich die Kenzinger Zisterzienserinnen-Abtei Wonnental um Kirnhalden und etablierte hier am Anfang des 18. Jahrhunderts das „Wunderbad zum Hl. Kreuz". Schon vor dem 30-jährigen Krieg waren der Quelle „mirakulöse Effekte" zugeschrieben worden, wie Friedrich Hinn berichtet. „Bei verschiedenen unheilbaren Krankheiten waren anscheinend Heilerfolge eingetreten, was wiederum dazu führte, daß immer wieder Wallfahrten zu Brunnen und Kapelle gemacht wurden." Jetzt ließen die neuen Besitzer ein Badhaus mit Unterkünften und Gastronomie bauen. „Der Kurbetrieb scheint außerordentlich rentierlich gewesen zu sein, denn bald war die bisherige Klosterkirche zu klein."

Auch in jenen Zeiten zeigte sich wieder, wie riskant es war, in der Nähe des Kirnbachs zu siedeln. „Das Wasser kam mit solcher Macht, daß der Badbrunnen (Badhaus), die Sakristei und das Bruderhäuschen in der Kirnhalde weggerissen wurden... Mehr als fünfhundert mühlsteingroße Gesteinsbrocken lagen im Hof des Kirnhalderbades", wird aus dem Jahr 1750 berichtet.

Erstaunlich, dass es nach solchen Katastrophen zu weiteren Ausbauten kam. Der Glaube an die mirakulöse Heilquelle war offenbar kaum zu erschüttern. „Dieser nie ganz verschwundene Nimbus" wurde nach der Säkularisation durch eine Wasseranalyse „auf den Status einer ordentlichen Mineralquelle zurechtgestutzt", so Friedrich Hinn; und Ende des

19. Jahrhunderts hatte Bad Kirnhalden unter der Leitung geschäftstüchtiger Wirte seine Blütezeit.

Sehr wechselhaft ging es im 20. Jahrhundert weiter: Kirnhalden war Kurklinik, Erholungsheim der BASF sowie des NS-Industriekonglomerats IG-Farben, Aufnahmelager für Russlanddeutsche, Flüchtlingsaltenheim, ferner Isolier- und Pockenstation der südbadischen Landkreise, bevor es zu dem heutigen Pflegeheim kam.

Nach all den Veränderungen sind Relikte aus alter – gar klösterlicher – Zeit kaum noch vorhanden. Auch die Quelle spielt keine Rolle mehr. Geblieben ist ein verstecktes Tälchen mit einer seltsamen Stimmung, ein geheimnisvoller Bach und eine interessante Überlieferung. Viele rasen daran vorbei.

Wer diese Gegend auf Wanderwegen erkundet, wird auch die Ruine der Kirnburg entdecken, die über Bleichheim

Ruine Kirnburg

aus dem Wald schaut. Ein Pfad führt von dem einstmaligen „Wunderbad“ am Hang des Kirnbergs hinauf. Oben ist wieder die Aussicht zu loben, daneben aber noch etwas anderes zu beachten: Diese Burg – ein Stützpunkt von Üsenbergern, Markgrafen, Österreichern und anderen – gehört zu jenen „neuen“ Burgruinen, die erst in jüngster Zeit ausgegraben und begehbar gemacht wurden. Die zweite Besonderheit ist, dass eine Gruppe von Freiwilligen zwanzig Jahre lang die Kirnburg restaurierte – mit Hilfe von Schulen, Vereinen, Institutionen und Förderungen des Landes. Diese Burg ist wohl die unbekannteste im Breisgau. Sie liegt einsam im Wald, in einem wenig besuchten Randgebiet – ein spannendes Ziel!

16

Die St. Ulrichskapelle in Rheinhausen

Nach den Erkundungen im Bleichtal führt nun der Weg in die Rheinebene durch das große Naturschutzgebiet „Elzwiesen“ bis nach Rheinhausen-Oberhausen zur St. Ulrichskapelle, die ursprünglich dicht am Wasser stand. Eine Böschung vor der Kapelle zeigt noch das ehemalige Rheinufer an. Schilfzonen, Obstgärten und ein Wäldchen prägen das Vorgelände, wo ein schmales Gewässer fließt und Boote liegen.

Die heutige Kapelle aus dem Jahr 1765 hatte eine Vorgängerin aus dem 16. Jahrhundert. In jener Zeit befanden sich Oberhausen und Niederhausen in der Gefahr, „von der elementaren Gewalt des Stroms nach und nach weggerissen zu werden“, wie Anton Wild in der Ortschronik berichtet. Gegen diese Bedrohung wurde die Kapelle an das Ufer gesetzt. Die Hausener waren später überzeugt, „daß sie einst dem Vordringen des Rheins Einhalt geboten hat“.

Wie die Kapelle wurde auch die Quelle daneben dem Ortspatron St. Ulrich (von Augsburg, Fischer- und Schifferpatron) gewidmet. Von ihr sind ebenfalls außergewöhnliche Wirkungen überliefert. So heißt es im Jahr 1788, „daß an dem Brunnen, so sich bei dieser Quelle befindet, schon vielen, welche sich in dessen Wasser gebadet, ihre lahmen Glieder sind zu recht gebracht worden, welches noch heut zu Tag von vielen als ein Mirakul bestätigt werden kann“.

Früher hingen oder lagen in der Kapelle zahlreiche Holzvotive – eine weitere Merkwürdigkeit. „Es waren Nachbildungen des menschlichen Körpers oder von Körperteilen, vor allem von Köpfen und Gliedmaßen“, so Anton Wild. „Meist hatte man sie aus Brettern ausgesägt, einige geschnitzt. Verfertigt wurden sie von den Kranken selbst oder von den örtlichen Handwerkern in deren Auftrag. Sie wurden als Opfergabe auf den Altar der Kapelle gelegt und sollten dem Gebet eine besondere Kraft verleihen. Gegen 1900 wurden keine neuen Votive mehr hergestellt. Die seltener gewordenen Besucher, die für ihre Heilung beteten, wählten dasjenige aus den vorhandenen aus, das ihrer Krankheit entsprach, und legten ein Geldopfer dazu. Schließlich verschwand der Opferbrauch ganz, die künstlerisch wertlosen Gebilde wurden zum Gerümpel gezählt. Heute ist ein Teil davon wieder im Besitz der Gemeinde.“

Anton Wild hat sich für diesen stimmungsvollen Ort am Hochgestade besonders interessiert und bei seinen Studien den Hinweis gefunden, dass der Platz schon eine kultische

Bedeutung hatte, als es hier noch gar keine Kapelle gab. Die Quelle war damals der heiligen Verena gewidmet. Ein „Sant Verenen Brunnen“ wird um 1350 erwähnt. Vielleicht hat hier der Kult seinen Ursprung, wahrscheinlich reicht er noch viel weiter bis in vorchristliche Zeiten zurück.

Ausblick vom Kapellenberg

17

Am Tuniberg bei Munzingen

Nicht nur die Aussicht vom Hügel, auf dem die St. Erentrudiskapelle steht, reicht weit ins Land hinaus, auch die Geschichte weist an dieser Bergseite weit in die Vergangenheit. Schon in der Altsteinzeit saßen hier Menschen, ihre Spuren wurden unterhalb der Kapelle gefunden. In dem Bereich, wo sich ein Tennisplatz und ein Weiher befinden, haben schon vor etwa 16 000 Jahren Menschen gesiedelt, informiert ein Bericht aus dem Museum für Ur- und Frühgeschichte in Freiburg. Danach handelt es sich um die „frühesten Reste menschlicher Besiedlung im südbadischen Raum“ – zusammen mit den Fundstellen vom Petersfels bei Engen im Hegau und am Ölberg bei Bollschweil/Ehrenstetten („Teufelsküche“).

Der Platz bei Munzingen wird als eine Jagdstation beschrieben, die von Gruppen über längere Zeit periodisch aufgesucht wurde. „Die Menschen folgten den Wanderungen des Wildes. In Munzingen waren sie, wie dies am vorgefundenen Knochenspektrum abgelesen werden kann, auf die Jagd von Rentier und Wildpferd spezialisiert. Die Platzwahl war günstig. In der Nähe einer Wasserquelle konnten sie im Schutze des Tunibergs die herannahenden Herden beobachten.“

Von den Jägern und Sammlern geht es gleich nebenan zu anderen Kulturen: Die Hügelkuppe „Auf dem Berg“ trug eine Höhensiedlung der Jungsteinzeit; und auf dem Kapellenberg wurde eine keltische Siedlung der Hallstattzeit nach-

Kapellenberg bei Munzingen

gewiesen – die typische Dichte auf einem Bergsporn, der so ideal in die Landschaft ragt. Es leuchtet auch ein, dass er später eine Bedeutung als christlicher Wallfahrtsort bekam.

Die Erentrudiskapelle (nach der hl. Erentrudis aus Salzburg) erfreute sich eines regen Zulaufs, bis ihr „das Unglück widerfuhr, im Spanischen Erbfolgekrieg zu Beginn des 18. Jahrhunderts von einem Schutzwall für einen vorgeschobenen Infanterieposten der Freiburger Festungstruppen umbaut zu werden", so Hermann Brommer. „Beim Herannahen der französischen Armee sprengten die Österreicher 1713 ihre Erentrudis-Redoute in die Luft und beschädigten das Kirchlein schwer. Doch bereits 1714 begann der Eremit Melchior Rech damit, überall Gelder für den Wiederaufbau der Kapelle und Einsiedelei zu sammeln." Eine Zeichnung von 1749 zeigt die Kapelle mit der angebauten Eremitage und einem großen Garten, der von einer Mauer umgeben ist.

Bleibt noch die Frage nach der heiligen Erentrudis, einer österreichischen Heiligen aus dem 8. Jahrhundert, Äbtissin des Klosters Nonnberg bei Salzburg und „Landesmutter" Salzburgs. Wie kam sie auf den Tuniberg? Offenbar durch eine Verwechslung. Ihre Verehrung im Breisgau ging vom Kloster St. Trudpert aus, wo sie als Schwester von Trudpert galt. „In Wirklichkeit war aber Erentrudis die Schwester des Hl. Rupert von Salzburg, den man schon im Mittelalter mit St. Trudpert verwechselt hat", wie Alfred Graf von Kageneck in einer Schrift über die kirchlichen Verhältnisse in Munzingen erläutert. Auf dem Kapellenberg bei Munzingen hatten die Münstertäler Mönche Rebbesitz, und auf diesem Hügel – einem der schönsten Aussichtspunkte im Breisgau – haben sie den Kult gepflegt.

18

Der Hunnenkönig am Tuniberg

So häufig wie in dem kleinen Tunibergdorf Niederrimsingen ist der Hunnenkönig Attila sonst wohl kaum irgendwo verewigt worden. Da gibt es nicht nur eine Attilastraße, die zum Attilafelsen führt, wo der Wein mit der gleichen Lagenbezeichnung wächst, sondern auch eine Attilahalle mit dem Lokal Attilastube, und davor steht ein Attiladenkmal.

Doch dieser Betonkopf war am Anfang einigen Leuten nicht ganz geheuer, denn er wurde heimlich von allen Seiten angepinkelt und in einer anderen Nacht-und-Nebel-Aktion sogar mit roter Farbe beschmiert. „Die spinnen, die Niederrimsinger, dass sie ausgerechnet diesem Räuber und Mörder ein Denkmal setzen", hieß es vor allem nebenan in Oberrimsingen.

Der Wirbel um den 25 Tonnen schweren Stein des Anstoßes war der letzte Akt in einer langen Reihe von Ereignissen, die den Namen Attila am Tuniberg immer mehr ins Gespräch brachten. Als das Denkmal am 1. April 1979 enthüllt wurde, waren genau 24 Jahre seit jenem 1. April vergangen, an dem eine Meldung in der Badischen Zeitung behauptete, das Grab des Hunnenkönigs sei auf der Gemarkung Niederrimsingen gefunden worden.

Dieser Aprilscherz, der von dem Niederrimsinger Winzer und damaligen Bürgermeister Otto Fischer stammte und über den Lehrer als Zeitungsmitarbeiter an die Öffentlichkeit kam, war nicht einfach aus der Luft gegriffen, sondern stützte sich auf eine alte Volkssage. Sie spukt schon lange an vielen Orten herum und ist in der Sagenüberlieferung allgemein weit verbreitet. Danach soll Attila, der mit seinem wilden Reitervolk auch die Gegend am Oberrhein unsicher machte, in einem dreifachen Sarg aus Gold, Silber und Eisen begraben worden sein.

Die Suche nach diesem Gold-und-Silber-Sarg kam im Laufe schlechter Zeiten besonders in armen Dörfern wie Niederrimsingen immer wieder auf. Schon in den 1920er und 1930er-Jahren ließ hier die Hoffnung auf plötzlichen Reichtum einige Bauern zu Schatzgräbern werden. Und nach dem Krieg, als das Dorf gar die ärmste der 78 Gemeinden im Landkreis Freiburg war, regte sich die Fantasie wieder, die einen Schatz vermutete, den man nur zu heben brauche, um aller Not Herr zu werden. In Vollmondnächten gingen sie geheim ans Werk: Mit Pendel und Wünschelrute, mit Spaten und Schaufel suchten sie Attilas Goldsarg.

Das Graben am Tuniberg nahm in den Jahren darauf ganz andere Ausmaße an. Die Flubereinigung im Rebgelände begann, aber die Vorstellung vom Goldsarg lebte in den Köpfen weiter. Im März 1955 fand ein Raupenfahrer beim Planieren am Attilafelsen einen sargförmigen Stein, und der listige Bürgermeister reagierte sofort. Er sagte: „Wir warten bis zum 1. April." Und als es soweit war, stand folgender Text in der Zeitung:

„Nachdem der Tuniberg immer mehr von seinen Geheimnissen freigibt, hat man in den gestrigen Abendstunden einen sensationellen Fund auf der Gemarkung Niederrimsingen gemacht. Schon seit vielen Jahren wurde von Wünschelrutengängern auf dem Niederrimsinger Berg beim Attilafelsen versucht, die Grabstätte Attilas des Hunnenkönigs zu finden. Als nun am gestrigen Abend eine der Planierraupen einen Steinhügel einebnete, wurde in einer höhlenartigen Nische plötzlich ein sargartiges Gebilde sichtbar. Dank der Initiative des Planierraupenfahrers, der die Arbeit sofort einstellte, konnte hier ein wertvoller Fund geborgen werden. Der Sarg, der ganz aus Eisen war, wurde von ein paar Männern freigelegt. Der Deckel ließ sich leicht abheben, und im Innern wurde ein zweiter Sarg sichtbar, der nach fachmännischem Urteil ganz aus Silber sein soll. Der Platz wurde abgesperrt und das Amt für Ur- und Frühgeschichte benachrichtigt."

Der Lehrer las es den Schülern vor, auf Anweisung des Bürgermeisters gab es schulfrei, die Kinder liefen nach Hause und riefen: „Der Attila isch g'funde!" Die Nachricht weckte die Bauern auf. Es wurde gerätselt: „Isch's wohr, isch's nit wohr?" Verstohlen zogen viele auf den Tuniberg, um den Sarg zu sehen. Nach all dem Suchen war die Möglichkeit eines solchen Fundes ja nicht ausgeschlossen. Doch bald kams heraus: April! April! Und das ganze Dorf lachte.

Seitdem ist der Name Attila aus Niederrimsingen nicht mehr wegzudenken, was vor allem kräftig für das Weingeschäft genutzt wurde. Als nach der Rebflurbereinigung neue werbewirksame Bezeichnungen gefragt waren, kam für die Niederrimsinger Weine der Attilafelsen ins Gespräch. Dahinter stand wieder der clevere Winzer Otto Fischer, der in der Breisacher Zentralkellerei arbeitete. Auch über den so genannten Großlagennamen für den Tuniberg wurde man sich später einig. Deshalb wird heute ein großer Teil der Tuniberg-Weine unter dem Namen Attilafelsen verkauft.

Die Weinwerbung hatte sich also der Sache angenommen. In Prospekten verbreitete die Zentralkellerei eine „Ballade vom Attilafelsen". Aus der volkstümlichen Sage war ein Marketing-Konzept geworden. Der Initiator Otto Fischer nannte die Entwicklung dahin die „Geschichte der Schatzgräber oder wie verbessere ich meinen Lebensstandard". An eine Verherrlichung des Hunnenkönigs habe keiner gedacht, sondern an den erfolgreichen Weinbau nach dem Motto: „Wir haben den Goldsarg von Attila gesucht und haben das Gold in den Reben gefunden."

19

Erkundungen in Breisach am Rhein

Im Breisacher Boden wurden Reste vieler Kulturen gefunden oder sind noch verborgen, denn dieser Hügel am Rhein ist seit über 4000 Jahren besiedelt. Schon in der Jungsteinzeit war das markante Bergplateau ein bevorzugter Ort, und aus der Urnenfelderkultur (ca. 1200 – 800 v. Chr.) ist eine weiträumige Siedlung bekannt. Eine große Bedeutung hatte der Platz für die Kelten. Eine „herausragende Zentralsiedlung", ein so genannter Fürstensitz befand sich auf dem Berg, der damals von Rheinarmen umgeben war. Wie Fundstücke (z.B. Weinamphoren) zeigen, gab es Beziehungen zur antiken Mittelmeerwelt.

Die Römer bauten ein Kastell auf dem felsigen Berg, den sie „Mons Brisiacus“ nannten, was aus dem Keltischen stammt: „Brisin-ac“ heißt so viel wie „Wasserbrecher“. Hier haben also die Namen Breisach und Breisgau ihren Ursprung. Die frühen alemannischen Bewohner der Landschaft waren dann die „Brisigavi“ – die auf dem Zähringer Burgberg ihre Zentrale hatten.

In Breisach entstand an der Stelle des Römerkastells das romanische Münster. Es ist mit einer Sage verbunden, die mittelalterliche Weltanschauung deutlich macht. Wundersame Begebenheiten werden um die beiden Stadtpatrone Gervasius und Protasius erzählt. Von Mailand sollten die Gebeine der Märtyrer im Jahr 1162 nach Köln entführt werden, doch eine Rast in Breisach änderte alles. Hier wollten die Heiligen offenbar bleiben, wie die Sage (nach Schreiber, 1898) erzählt. Als der Kölner Bischof, der den Transport begleitete, seine Reise fortsetzen wollte, „war das Schiff trotz aller Anstrengung der Ruderknechte nicht vom Ufer wegzubringen“. Erst nachdem die „heiligen Überreste“ beider Brüder auf Bitten der Breisacher ausgeladen und an die Stadt übergeben waren, löste sich das Schiff vom Ufer.

Zwei römische Jünglinge, die unter dem Kaiser Nero in der Stadt Mailand das Martyrium erlitten hatten, wurden so die Schutzheiligen von Breisach. Ihre Verehrung führte um 1500 zu „erstaunlicher Intensivierung des Heiligenkults“, wie aus dem Breisacher Museum für Stadtgeschichte mitgeteilt wird. „Materieller Ausdruck dafür ist der prunkvolle Silberschrein in Hausform, den man den Brüdern als aufwendige Wohnstatt stiftet. Er findet seinen Platz in einer mit Skulpturen gerahmten und ausgemalten Nische im Chor des Münsters. Wöchentlich werden Prozessionen zu Ehren der

Stadtpatrone durchgeführt; die zahlreichen Wundertaten und Hilfen der Heiligen machen Breisach zu einem attraktiven Wallfahrtsziel für Pilger nicht nur aus der näheren Umgebung."

Wer in Breisach ungewöhnliche Geschichten sucht, sollte die wechselvolle und schließlich tragische Geschichte der letzten 800 Jahre betrachten: Zähringer Stadt, Freie Reichsstadt, vorderösterreichische Stadt, burgundische Pfandschaft unter dem berüchtigten Landvogt Peter von Hagenbach (in Breisach hingerichtet), vorderösterreichische Festung, Frankreichs stärkste Festung am Rhein – um nur die wichtigsten Kapitel anzudeuten. Immer wieder wurde Breisach zerstört, zuletzt am Ende des Zweiten Weltkriegs, als der Hügel eine Festung des Westwalls war.

Im Dezember 1944 wurden hier Hunderte von Geschützen konzentriert, um die deutschen Truppen über die einzige Eisenbahnbrücke im süddeutschen Raum aus dem Elsass zurückführen zu können. Auch um das Münster herum wurden Geschützstellungen gebaut. Der Stadtpfarrer hat zwar dagegen protestiert, doch er bekam vom Kampfkommandant als Antwort, dass in einem „totalen Krieg" keine Rücksicht auf Kulturwerke genommen werden könne.

So mussten die Breisacher in den Untergrund gehen – in die Felsenkeller ihres Basaltberges. Das Bürgermeisteramt, die Sparkasse und die Volksbank verlegten ihre Diensträume in die bombensichere Sektkellerei. Auch das Lazarett und ein Schutzraum für die Zivilbevölkerung waren dort eingerichtet. Eine Felsenhöhle im Eckartsberg diente als Gebetsstätte der Katholiken.

Breisach war schließlich so stark zerstört, dass zunächst daran gezweifelt wurde, ob sich die Stadt jemals wieder erholen könne. Es wurde sogar vorgeschlagen, die Trümmer als Mahnmal liegen zu lassen und eine neue Stadt an anderer Stelle aufzubauen. Kein Wunder, dass sich die leidgeprüften Bewohner schon 1950 als erste in Europa in einer denkwürdigen Abstimmung zu einem vereinten Europa bekannten. Fast 96 Prozent der Breisacher Wählerinnen und Wähler stimmten damals für die Beseitigung der politischen und wirtschaftlichen Grenzen innerhalb Europas und für den Zusammenschluss aller europäischen Völker zu einem Europäischen Bundesstaat. Auf dem Eckartsberg weht seither die Europafahne, und nachts leuchtet das grüne Europalicht.

Der Eckartsberg ist auch der passende Anfang für einen Weg, der die wichtigsten Stellen verbindet und die stärksten Eindrücke schafft. Eckartsbergweg und Harelungenweg erinnern an die Sage von dem „getreuen Eckart", der im 5. Jh. n. Chr. seine Residenz auf diesem Hügel gehabt haben soll. Diese Sage erlaube jedoch keine sicheren Angaben, heißt es dazu aus dem Stadtmuseum, ihr Wahrheitsgehalt sei wohl gering.

Von dem Gemäuer oben gleitet der Blick über die Stadt und hinüber zum Münster, das eindrucksvoll über dem Rhein in den Himmel ragt – auf dem steilen Felsen, dessen Position in der Landschaft aus dieser Blickrichtung besonders deutlich wird: eine Insel im ehemals wilden Stromgebiet.

Mit dem Münster als Ziel geht es weiter – den Eckartsberg an der Rheinseite hinunter, durch die Straßen, über den Marktplatz und einen der Aufgänge hoch, die alle stimmungsvoll sind, besonders der „Bajakel" von der Fischerhalde aus. „Elsässisch ›bajäkle‹ = rennen, springen", so wird erklärt. „Vermutlich im 3./4. Jh. angelegter Abstieg vom Römerkastell auf dem Berg zum Rheinufer." Oder am Hauptweg

Aufstieg „Bajakel"

durch den Hagenbachturm zu der markierten Stelle (Kreuz im Pflaster), die in einer Sage aus der Pestzeit vorkommt: Die Krankheit sei von der Unterstadt allmählich auch in Richtung Oberstadt vorgedrungen, als plötzlich an der Wand eines Hauses ein „hl. Haupt nebst einer Hand" erschienen sei und den schwarzen Tod gestoppt habe. Die Verschonung der Oberstadt hatte aber wohl eher mit den besseren sanitären Verhältnissen zu tun.

Eine Sage ist auch im Münster (neben den Stadtheiligen) angesiedelt und betrifft den berühmten Hochaltar des Meisters H. L. (Hans Loy): Als der junge Bildhauer um die Tochter eines Ratsherrn warb, stellte dieser die Bedingung, dass er einen Altar anfertige, der höher als der Kirchenraum sei. Der Künstler fand die Lösung beim Betrachten eines Rosenstocks; seine Spitzen waren an einen Mauervorsprung gestoßen und im Bogen abwärts gewachsen. So krümmt sich die Spitze dieses Schnitzkunstwerks unter der Decke des Chors.

An den Meister H. L. und an die mittelalterlichen Bauhütten knüpft der Künstler Helmut Lutz mit seiner „Breisacher Schule“ an. Der „Dornenkranz“ in der offenen Krypta des Münsters stammt aus dieser Werkstatt und vieles in anderen Kirchen der Landschaft. Internationales Aufsehen erregte der Breisacher Künstler mit seinem kultischen Klangtheater „Sternenweg“. Die Vision für dieses Projekt hatte er beim Blick vom Münsterberg.

Auch im Radbrunnenturm in der Mitte der Oberstadt hat die Kunst einen Platz, hier finden Ausstellungen und Konzerte statt. Dann bieten sich Gelegenheiten, in den tiefen Brunnenschacht zu schauen und das große Holzrad zu betrachten, mit dem die Wasserkübel hochgezogen wurden.

In der Oberstadt: Schulgasse und Kapftor

Dieser über 40 Meter tiefe Brunnen wurde um 1200 durch Herzog Bertold V. von Zähringen zur zentralen Wasserversorgung der Oberstadt angelegt.

Eine eigenartige Atmosphäre hat der Platz auf dem nördlichen Bergsporn, wo das Zähringer Schloss stand und heute Theater gespielt wird. Überhaupt folgt in der Oberstadt ein seltsamer Eindruck auf den andern: immer wieder Mauern mit bunten Mischungen aus vulkanischen Gesteinsbrocken, Ziegeln und sonstigen Relikten von alten Gebäuden, geheimnisvolle Pforten und verborgene Gärten, dazu oft die Stille über den Spuren der Zeit.

Schließlich geht es hinten zum Rheintor hinunter, in dem sich das neue Stadtmuseum befindet, oder in einen versteckten Teil der Unterstadt, durch die verträumte Sternenhofgasse zum jüdischen Friedhof und zu der Stelle, wo die Synagoge stand. Hier im ehemaligen „Judenviertel" haben die Breisacher ein Zeichen gesetzt. Sie haben das ehemalige jüdische Gemeindehaus, ein „geradezu exemplarisch heruntergekommenes Gebäude" gerettet und renoviert („Blaues Haus"). Als Dokumentationszentrum soll es wirken, als Erinnerungsstätte an die Geschichte der Juden hier, denn Breisach war ein bedeutendes Zentrum jüdischen Lebens am Oberrhein. So wird noch einmal die Vielfalt der Breisacher Geschichte bewusst.

20

Burkheim am Kaiserstuhl

Die Schlossruine von Burkheim ist bekannt, weniger der Hügel daneben (im Bild links), der eine ältere Bedeutung hat. Er heißt zwar Burgberg, war aber sehr viel früher besiedelt, als der Name vermuten lässt. Seine Flanken fallen nach drei Seiten steil ab, nur an der vierten Seite ist ein leichter Zugang über einen schmalen Sattel möglich. Eine typische Situation.

Die geschützte Lage wurde schon im 3. Jahrtausend v. Chr. für eine steinzeitliche Siedlung genutzt. Und während des 11. bis 8. Jh. v. Chr. bestand auf diesem Plateau „eine der größten und fundreichsten Siedlungen der Urnenfelderkultur Südwestdeutschlands“, wie das Museum für Ur- und

Frühgeschichte in Freiburg informiert. „Sie kann zweifellos als ein Zentrum am Oberrhein angesehen werden, in dem sich das politische, wirtschaftliche, soziale und religiöse Leben eines Siedlungsverbandes konzentrierte."

Die Archäologen haben nicht nur herausgefunden, dass die wichtigsten Wirtschaftszweige Töpferei und Bronzegießerei waren, sondern konnten auch die bevorzugte Nahrung rekonstruieren: Hirsefladen und Hirsebrei! Für die Häuser wird eine „Mischbauweise aus Blockbau und Flechtwerk" angenommen. Denkbar seien „reihenhausartig angelegte lange Blockhauszeilen". Dazu gehören zahlreiche Vorrats- und Abfallgruben, „die in Form von Erdkellern tief in den anstehenden Lößboden eingegraben sind".

Auch über merkwürdige und rätselhafte Fundstücke wird berichtet, Gebilde in Form eines Halbmondes, mit Riefen, Kreisen oder länglichen Kerben verziert. Solche „Feuerböcke" oder „Mondhörner" aus Ton sind von Siedlungen der Urnenfelderzeit bekannt, in der Burkheimer Siedlung sind Bruchstücke „in fast jeder Grube vorhanden gewesen". Welche Funktion die Objekte hatten, lässt sich bis heute nicht eindeutig sagen, doch erstaunlicherweise wird ein „Zusammenhang mit Kult oder Religion" vermutet: „Die Tatsache, daß sie meist eine verzierte Schauseite aufweisen und im Siedlungsmaterial so zahlreich vorkommen, könnte dafür sprechen, daß sie im Haus an einer exponierten Stelle, etwa in der Art eines Herrgottswinkels, aufgestellt waren."

Nach der vorgeschichtlichen Höhensiedlung, wo heute der Wein wächst, noch ein Blick auf Burkheim – auf den anderen Bergvorsprung mit der Schlossruine, die vor allem an Lazarus von Schwendi erinnert, Abkömmling eines schwäbischen Rittergeschlechts, der im 16. Jahrhundert die alte Burg

Am Rheintal bei Burkheim

zu einem prächtigen Schloss ausbauen ließ. Ein schöner Platz über der Flusslandschaft, an die Felsen unter dem Schloss spülten die Fluten. Dort war ein alter Rheinübergang.

Schwendi war als Feldobrist in österreichischen Diensten – vor allem gegen die Türken – so erfolgreich, dass er genug Geld mitbrachte, um nach und nach mehrere Herrschaften auf beiden Seiten des Rheins kaufen zu können. Zu Burkheim kamen Hohenlandsberg, Kienzheim und Kaysersberg im Elsass, Kirchhofen im Breisgau und Triberg im Schwarzwald. Wie ein kleiner Renaissancedespot habe er geherrscht, so heißt es, aber gleichzeitig wird seine Fürsorge für Landwirtschaft, Spital und Schule gelobt. Er gilt besonders als Förderer des Weinbaus, als ein „Patron" der Winzer am Kaiserstuhl. Aus Ungarn soll er die berühmte Tokaierrebe an den Oberrhein gebracht haben.

Kurz bevor er 1560 in den Besitz von Burkheim kam, war der Dichter Jörg Wickram aus Colmar hier einige Jahre als Stadtschreiber tätig. In Burkheim erschien 1555 sein „Rollwagenbüchlin“, eine Sammlung alter Schwänke und Erzählungen, „so man in schiffen und auff den wegen / deßgleichen in scherheuseren und badstuben / zu langweiligen zeiten erzellen mag / die schweren Melancolischen gemüter damit zu ermünderen“.

Der Ausblick in die Umgebung von Burkheim bleibt an einer besonderen Stelle südlich der Stadt hängen: Bei Niederrotweil sind die hellen Felswände zu sehen, wo ein ehemaliger Phonolith-Steinbruch tief in den Berg hinein reicht. Dieser „Canyon“ gehört zu den versteckten Reizen am Kaiserstuhl. Hier leben selten gewordene Pflanzen und Tiere, deshalb wurde der Steinbruch unter Naturschutz gestellt. Der vulkanische Phonolith, der harte „Klangstein“ oder „Klingstein“ klingt wirklich, wenn ein Stück auf den Felsboden fällt. – Am gleichen Hügel steht über Niederrotweil die Wallfahrtskapelle St. Pantaleon, ein altes Bauernheiligtum. Am Festtag, dem Sonntag um den 27. Juli, findet hier der „Pantaleonsritt“ statt. Auf dem Platz vor der Kirche werden die Pferde mit den Reitern feierlich gesegnet.

21

Alte Plätze bei Jechtingen

In der Umgebung von Jechtingen richtet sich der fragende Blick zunächst auf den Hochberg östlich des Dorfes, und in der Vorstellung erscheint eine keltische Siedlung der Hallstattzeit auf der Südspitze des langen Hügels. Die Befestigung bestand aus „einer mit Erde und Holz errichteten Mauer und einem tiefen vorgelagerten Graben“, wie der Archäologe Rolf Dehn berichtet. „Aus Abfallgruben im Innern der Anlage kennen wir Hinweise, daß in der so geschützten Siedlung Schmuck hergestellt und Eisen verarbeitet wurde. Beides sicher nicht nur für den eigenen Bedarf, sondern auch für das örtliche Umfeld.“

Auf der Nordspitze des Hochbergs wurden Gräber entdeckt, die offensichtlich zu dieser Siedlung gehörten. Im Zentrum befanden sich zwei reiche Frauengräber „unter einst mächtigen Erdhügeln von gut 30 m Durchmesser, die als markante Totenmonumente sicher einst weithin sichtbar waren".

Die Jechtinger Gegend wird als „ausgesprochen siedlungsgünstig" bezeichnet, und so finden sich zahlreiche Spuren aus der Jungsteinzeit und Bronzezeit – Siedlungsstellen und Gräberfelder – in verschiedenen Teilen der Gemarkung. Ein wichtiger Platz liegt am Humberg, zu dem es nun auf der ehemaligen Römerstraße in Richtung Burg Sponeck geht. Wo die Straße den Wald erreicht und sich einem Rheinarm annähert, steht eine uralte Eiche – ein richtiges Naturdenkmal und ein geschichtlicher Ort. Bei der Eiche landete früher die Rheinfähre, deshalb „Fähreiche" genannt. Hier hat sich so manches abgespielt.

Gegenüber der Eiche steigt der Humberg an, die bedeutendste jungsteinzeitliche Fundstelle bei Jechtingen. Dort wurde 1973 im Gewann „Humbergäcker" ein Gräberfeld der so genannten Rössener Kultur aus dem 5. Jahrtausend v. Chr. entdeckt und in den folgenden Jahren ergraben. „Dieses Gräberfeld ist nicht nur der einzige vollständig untersuchte Friedhof dieser Zeitstellung in Süddeutschland, sondern auch der beigabenreichste und größte." Insgesamt 105 Bestattungen konnten aufgedeckt werden, alle mit Beigaben versehen. Dazu gehören Waffen aus Felsgestein und Feuerstein, Tongefäße und Schmuckstücke, vor allem „Ketten aus feinen Kalkstein- und Muschelperlen, die in gleicher Weise offensichtlich von Frauen und Männern um Hals, Hüfte, Unterarme und Fußgelenke getragen wurden".

Die „Fähreiche“ bei Jechtingen

Burg Sponeck

Der Humberg hat allerdings noch eine andere Bedeutung, dort steht ja (an der Seite zum Rhein) die Burg Sponeck auf den Resten eines Römerkastells. Wie aus einer geschichtlichen Darstellung der heutigen Bewohner hervorgeht, wurde die Burg 1285 gegen das Raubritterunwesen am Rhein und als Schutz für die Fähre gebaut und kam von den Zähringern an die Herzöge von Württemberg, die den Rheinübergang sicherten, um in ihre Besitzung auf der anderen Seite zu gelangen: in die Grafschaft Mömpelgard (das heutige Montbéliard). Die Burg verfiel später, das Hofgut war jedoch von Pächtern bewirtschaftet, bis es im 20. Jahrhundert zum Künstlersitz wurde.

„Im Jahr 1917 erwarb der Maler Hans Adolf Bühler die Burg Sponeck. 1930 baute er mit seinem Freund, dem Bauunternehmer Heinrich Brenzinger aus Freiburg, den Turm in seiner heutigen Form aus (Betonmauer auf der Nordseite des Turmes mit dem verblaßten Fresko ›Vater Himmel und Mutter Erde‹). Oben im Turm richtete er sein Atelier ein und malte hier viele Bilder, die die Aussicht auf Rheinebene und Elsass mit Vogesen wiedergeben."

Diese Aussicht erschien dann in düsterem Licht, als hier der Westwall entstand und Krieg aufzog – ein leidvolles Kapitel im Grenzland am Rhein. In Jechtingen wird immer noch vom Besuch Adolf Hitlers erzählt. Als er im Jahr 1939 die Befestigungen am Oberrhein besichtigte, machte der „Führer" auf der Burg Sponeck Station. Dazu wird in der Jechtinger Ortschronik der Sohn des Malers zitiert:

„Hitler wurde von meinen Eltern zum Essen eingeladen, hat dann aber gedankt und sich einen Teller Suppe aus der Gulaschkanone bringen lassen. Vor allen Dingen wollte er vom Burgturm aus die Landschaft besichtigen, wohl auch die Bunker der Maginotlinie gegenüber. Vom Krieg war aber nicht die Rede. Hitler hat sich die Bilder meines Vaters angesehen. Dieser war damals einer der bekanntesten deutschen Maler. Vermittelt wurde der Besuch vermutlich durch den damaligen badischen Kultusminister Wacker und den Gauleiter Robert Wagner, die beide gute Bekannte meines Vaters waren. Mein Vater arbeitete ja damals ebenfalls in Karlsruhe als Akademie- und Galeriedirektor."

Zwischen der Burg Sponeck und Burkheim sind schließlich die zugewachsenen Steinbrüche zu beachten. An diesem Hang haben schon die Römer Baumaterial gewonnen, denn die gleiche vulkanische Gesteinsart wurde in einer römischen Mauer in Straßburg entdeckt. So lässt sich gut vorstellen, wie „die Steine direkt vom Steinbruch in Schiffe verladen und dann auf bequeme Weise nach Straßburg gebracht" wurden.

Diese Steingewinnung „wurde auch während der ganzen römischen Periode Südwestdeutschlands weiter betrieben", schreibt Gerhard Fingerlin vom Landesdenkmalamt, „was durch die Verwendung dieses Baumaterials bei der Errichtung von Gutshöfen bestätigt wird. Auch in der Spätantike (4. Jh. nach Chr.) fand dieser Stein noch einmal Verwendung, und zwar beim Bau des Kastells auf der Sponeck..." Die heutigen Ausmaße der Steinbrüche sind durch den späteren Abbau bis in die Neuzeit entstanden – aber auch hier überrascht wieder einmal, wie geschichtsträchtig eine kaum beachtete „Zone" in der Landschaft sein kann.

22

Der Limberg bei Sasbach

Wohl kaum eine Stelle im Breisgau bietet so vielfältige Einblicke in die Geschichte und Natur wie der kleine Limberg bei Sasbach am Rhein. Dieser Hügel wurde Millionen Jahre vor unserer Zeit als kleine Nebensache des Kaiserstuhlvulkans gebildet, und schon da fing es mit den Besonderheiten an, denn die Lavaströme brachten hier ein seltenes Gestein ans Tageslicht. Es wird Limburgit genannt und kann in den alten Steinbrüchen besichtigt werden, die Einblicke in Bau und Material eines Vulkans ermöglichen.

Für die Bedeutung des Limbergs entscheidend war allerdings nicht seine geologische Beschaffenheit, sondern seine

Lage direkt am Rhein, ursprünglich sogar halbinselartig in einer Flussschleife, also auf drei Seiten von Wasser umspült. Wie eine natürliche Festung ragte er so aus der Ebene auf, und sein Hochplateau bot sich als sicherer Siedlungsplatz an – mit freier Sicht in alle Richtungen. Dazu kam seine Funktion als Brückenkopf in der ehemals wilden Stromlandschaft, in der sich der Rhein immer wieder andere Wege suchte und bei Hochwasser über die Ufer trat.

Kein Wunder, dass die Menschen bei so günstigen Bedingungen hier offenbar durch alle Zeiten hindurch den Fluss überquert, Siedlungen angelegt und militärische Stützpunkte errichtet haben. Schon in der jüngeren Steinzeit gab es auf dem Limberg ein befestigtes Dorf, eine der größten Höhensiedlungen der Michelsberger Kultur im Oberrheintal. Später bauten die Kelten hier oben eine Stadt, ein „Oppidum“ mit dem typischen Schutzwall, von dem noch Reste zu erkennen sind. Und am Rhein unten lag ein keltisches Fischerdorf, es hat wohl die Stadt auf dem Berg mit Nahrung versorgt.

Die Leute am Wasser haben ihre Fische wahrscheinlich auch an die einrückenden Römer verkauft, die vor allem den militärischen Wert des Limbergs nutzten und zunächst auf der Hochfläche innerhalb der keltischen Anlage, später dann in der Ebene Truppenlager einrichteten. Die Römer bauten aber vor allem die Straßenverbindungen aus und machten den uralten Weg über den Rhein zusammen mit dem jüngeren an der Sponeck bei Jechtingen zur verkehrstechnisch wichtigen „Querspange“ im Rheintal.

Zur Sicherung des Rheinübergangs, der Beherrschung des Landes und der Wege (Sasbach war Königsgut) bauten die Franken wie schon ihre Vorgänger auf dem Limberg eine Festung – die „Alte Limburg“, vermutlich eine Gründung des 7. Jahrhunderts, auf der Südspitze und höchsten Stelle des Berges. Heute ist davon nur noch ein Wall und ein kleiner Rest des Rundturms vorhanden, und auch der droht bald in den angrenzenden Steinbruch zu stürzen. Etwas mehr sieht man von der eigentlichen Limburg, die im 11. Jahrhundert weiter nach unten an den Westhang verlegt wurde, offenbar zur besseren Überwachung des Flussübergangs.

Der Blick fällt hier auf die Stelle, wo früher die Fähre verkehrte und später eine Schiffsbrücke bestand. Jetzt verbindet eine feste Brücke etwas flussabwärts die Ufer und Völker. Der Limberg wird als Brückenkopf nicht mehr gebraucht. Er ist heute zum Teil Weinberg, zum Teil Geschichtsbuch und Naturschutzgebiet, Exkursionsziel der Geologen und Botaniker. Als reizvoller Platz kommt noch die Wallfahrtskapelle auf dem Litzelberg dazu, wie der kleinere Ausläufer heißt.

Akelei im Wald am Limberg

Wallfahrtskapelle auf dem Litzelberg

Hier wird eine Madonna seit unbekannter Zeit verehrt, die Wallfahrt hatte im 17. und 18. Jahrhundert großen Zuspruch. Das zeigten früher zahlreiche Votivtafeln und Votivgegenstände an, wie es auch von anderen Orten dieser Art berichtet wird.

Immer wieder ist von der Vermutung zu lesen, dass sich hier bereits ein vorchristliches Heiligtum befunden haben könnte. Bei der starken Präsenz heidnischer Kulturen am Limberg drängt sich diese Vorstellung auf.

23

Der Schönberg bei Freiburg

Nicht nur schön ist dieser Berg, er ist auch ein Konzentrat ungewöhnlicher Orte und Geschichten. Das lässt sich auf einer Wanderung erleben, die am besten in St. Georgen beginnt und hinter dem Bahnhöfle zunächst in die Bergbaugeschichte führt. Das ehemalige Verwaltungsgebäude der Zeche steht noch, die vom Ende der 1930er bis Anfang der 1940er-Jahre in Betrieb war, um Eisenerz zu fördern. Auch das Mundloch des „Eisenbahnstollens" ist noch vorhanden. Da schaut man durch ein Gitter in den Berg hinein, auf nassem Boden liegt eine Schiene der Schmalspurbahn, und über diesem Eingang erinnert ein Gemälde an die Arbeitswelt.

Der Weg führt jetzt zwischen Gärten den Hang hinauf, durch den Wald zur „Sängerruhe“ und in das Tal hinein, wo die Verbindung zum Schönberghof und zur Schneeburg verläuft. Hier macht ein Steinbruch aufmerksam. Er lässt an den „Heidenkeller“ denken, der als „ältester Steinbruch am Schinberg“ überliefert ist. In Verbindung mit dem Gewann „Venusberg“ gegenüber ergibt sich eine Anknüpfung an die Sage von der „Venusgrotte am Schinberg“: Ein Ritter der Schneeburg, „der Jahre lang viele und große Verbrechen beging und in Üppigkeit und wilder Sinnenlust seine Tage und Nächte verschwelgte“, pilgert nach Rom und bittet den Papst um Vergebung der Sünden. Doch ohne Erfolg. So zieht der Ritter trostlos nach Hause. „Als er aber das Thal hinauf nach seinem Schlosse ritt, sah er seitwärts den Eingang des Berges, in welchem die heidnische Göttin Venus ihren üppigen Hofhalt verlebt hatte, offen; rauschende Musik und süße Lieder klangen ihm daraus entgegen und lockten sein verzweiflungsvolles Herz mit so unwiderstehlicher Gewalt, daß er, um seine innere Qual zu vergessen, mit seinem Pferde hineinsprengte in die Tiefe des Berges.“ Dort sei er dann bei Grabungen tot und noch auf dem Pferd sitzend gefunden worden.

Beim weiteren Aufstieg sind rechts des Weges Geländeformen zu sehen, die vom Bergbau stammen, bis Betonfundamente wieder eine zentrale Stelle dieser Arbeitswelt markieren. Bald öffnet sich der Wald in die Viehweiden hinauf, der Schönberghof erscheint, ein besonderer Ort schon als Wirtschaftshof der Schneeburg und ebenso später, als die Burg nur noch eine Ruine war. Einsam gelegen, ein Ziel für Plünderer, mehrfach zerstört – und eine Heimat starker Bauerngeschlechter, aus denen ein Josef Zimmermann im

18. Jahrhundert hervorragt, der als Autodidakt Violine spielte, Kunstwerke schnitzte und Uhren baute. „Seine Uhren konnten mehrere Stücke spielen und besaßen Figuren, die sich zur Musik bewegten", so Walter Fahl. „Jedes seiner Stücke war anders und stellte ein nicht zu übertreffendes Meisterwerk dar. Sein Ruf ging weit über den Bereich seiner Heimat hinaus."

Über dem Hof lässt sich eine Verbindung zu den älteren Zeiten herstellen – zum Plateau auf dem Schönbergkopf. Eine Besteigung ist sehr zu empfehlen, weil oben ein aussichtsreicher und bedeutsamer Platz die Anstrengung lohnt. Er war von verschiedenen Kulturen besiedelt, von der Jungsteinzeit bis zu den Kelten wurden immer wieder Funde gemacht, vor allem an den Maulwurfshügeln, denn die Tierchen transportieren die Stücke nach oben, sind Helfer der Archäologie. So

Auf dem Gipfelplateau

erscheinen Hütten, Rauchfahnen und Wächter mit Speeren in der Fantasie. Auf der markanten Höhe ist auch ein heidnisches Heiligtum denkbar. Die neuen Heiden unserer Zeit haben den Platz jedenfalls für naturreligiöse Erlebnisse entdeckt.

In Richtung Ebringen geht es dann hinab und über dem Dorf am Naturschutzgebiet „Jennetal“ entlang. An einer freien Stelle folgen Ausblicke auf eine Orchideenwiese und hinüber zu dem Bergsattel, wo die Berghauser Kapelle an die verschwundene Siedlung Berghausen („Perchusa“) erinnert. Sieben Gehöfte („sieben Pflüge“) sollen es zuletzt gewesen sein. Das Kirchlein wurde später zum Wallfahrtsort („Maria vom Guten Rat“) und ist heute auch für Hochzeiten sehr beliebt.

Am weiteren Weg in Richtung Leutersberg macht ein Abstecher mit einem Schauplatz der furchtbaren Schlacht von 1644 bekannt, dem Gelände namens Bohl, wo das „Schlachtenkreuz“ an die gefallenen Bayern und Franzosen erinnert. „Noch Jahre lang lagen die Gebeine der Erschlagenen in den Weinbergen und im Walde umher“, so ein Bericht aus dem 19. Jahrhundert; „endlich wurden sie in eine große Grube gesammelt, mit zwei Steinplatten, wovon eine die Jahreszahl 1644 trug, bedeckt und ein hölzernes Kreuz dabei aufgerichtet. Das war das denkwürdige Beinhaus auf dem Bohl an der Grenzscheide von Leutersberg und Ebringen, das mehr als ein Jahrhundert überdauerte.“

Äußerst seltsam, was sich hier weiter abspielte: Als die Grabstätte zu einem heimlichen „Wallfahrtsziel“ wurde und „wegen des abergläubischen Gebrauches der Gebeine als Heilmittel für verschiedene körperliche Leiden“, ließ der Pfarrer im Jahr 1791 alles an einen unbekannten Ort schaffen.

Vor der Rückkehr nach St. Georgen – auf einem aussichtsreichen Weg zwischen Reben und Gärten – fällt der Blick auf das große Gewerbegebiet Haid und lässt an einen sagenumwobenen Ort denken, der in dieser neuen Welt kaum vermutet wird. Gemeint ist der merkwürdige St. Georgener See (auch Seehauweiher oder Hardsee genannt). Er liegt im Vorfeld des Schönbergs und ist in der Sage mit ihm verbunden.

„An dieser Stelle war früher einmal ein Schloß, das mit dem auf dem nahen Schönberg, der Schneeburg, in Verbindung stand. Ein unterirdischer Gang verband die beiden miteinander.“ Die Bewohner seien „sehr übermütig, üppig und gottlos“ gewesen. Zur Strafe sei das Schloss versunken, und man habe seither keine Spur mehr davon gefunden. „An der Stelle aber, wo es einstens stand, hausen jetzt Nixen im See, welche diejenigen – namentlich Kinder –, die zu nahe sich an's Wasser wagen, zu sich hinabziehen.“

Das geheimnisvolle Gewässer galt früher als unergründlich tief: „Schon öfter suchte man diesen See aufzufüllen, aber noch nie ist es – für die Dauer – gelungen. So hat man z. B. bei der Erbauung der jetzigen Kirche in den Jahren 1866 ff. alle Steine und allen Schutt von der alten Kirche dahingeführt und dort abgeladen, so daß fast gar kein Wasser mehr zu sehen war, aber nichts hat bis heute gründlich geholfen.“

So wird in der Sage berichtet; es überrascht aber auch, was die Geologen sagen. Demnach ist der Hardsee eigentlich eine Doline, wie solche trichterförmigen Einsenkungen heißen. Sie entstand, als in einer Kalksteinschicht unter den Dreisamschottern eine Höhle einstürzte. Der nachrutschende Kies bildete eine Senke, die sich später mit Wasser füllte.

Dieser See, heute nur noch ein Tümpel (an der Bötzinger Straße), wurde immer mehr von der vorrückenden Bebau-

St. Georgener See

ung bedrängt. Dass es ihn überhaupt noch gibt, ist erstaunlich. Er wird als Naturdenkmal und Biotop geschützt, aber nur wenige wissen davon. Selbst viele Alt-Freiburger kennen den Ort und seine Bedeutung nicht.

24

Sölden im Hexental

Im Hexental, das früher Hagstal oder Hagestal hieß, also nach dem Wort Hag für Umzäunung benannt war, wenden wir uns dem Gebiet von Sölden zu: In der ehemaligen Klosterkirche, auf dem sagenumwobenen Berg Bürgle und in der Saalenbergkapelle sind ungewöhnliche Geschichten angesiedelt, seien es heilige oder unheimliche, die neugierig machen und zu einer Besichtigung anregen. Sie lassen sich auf einem Rundweg verbinden, der kontrastreich beginnt: Von der Hauptstraße (Bushaltestelle) geht es durch eine Pforte in der ehemaligen Klostermauer und in die Kirche hinein – in die geschichtlichen Beziehungen zu der großen Reformabtei

Pforte in der ehemaligen Klostermauer

Cluny in Burgund und zu der heiligen Fides, deren Verehrung von dort nach Sölden kam. Ein Deckengemälde zeigt ihr Martyrium. Sie wurde von Römern auf einem Eisenrost über offenem Feuer gefoltert, weil sie zum Christentum stand. In Frankreich wird sie heute noch sehr verehrt.

Von Cluny kam sie nach Sölden, weil Gerald von Scherzingen im Jahr 1115 dem Kloster Cluny sein Gut in Sölden schenkte und hier ein Frauenkloster (das „Fideskloster") gegründet wurde. Es bestand rund 400 Jahre lang und „beherbergte im Schnitt 15 bis 20 Ordensfrauen", berichtet Franz Kern, der auch auf Probleme hinweist: „Es wird wiederholt in den alten Urkunden erwähnt, daß die Mißwirtschaft einiger von Cluny bestellter und französisch sprechender Pröpste den Untergang des Frauenklosters verursacht habe."

Wer nach Cluny in Sölden den Ton angab, zeigt in der Kirche das große Wappen der Abtei St. Peter. Sie übernahm die „heruntergekommene Propstei" und gab ihren Mönchen einen männlichen Schutzpatron mit: den heiligen Markus, der zweiter Kirchenpatron wurde und in einem erstaunlichen Deckenfresko – in einer gemalten Scheinarchitektur – dargestellt ist.

Überhaupt fällt in der Kirche die üppige Ausstattung auf, dem Abt Philipp Jakob Steyrer zu verdanken, von dem auch ein sehr spezielles Geschenk stammt: Ein ganzer „Heiligen-Corpus", ein Skelett aus den Katakomben in Rom, kostbar mit Edelsteinen geschmückt, liegt in einem barocken Schrein. Die Gebeine der „Katakombenheiligen" Candida sollen es sein. In der Barockzeit mit ihrer Heiligen- und Reliquienverehrung wurden sie sehr geschätzt und haben „sogar die Wallfahrtsprozessionen der Freiburger Pfarreien nach Sölden gelenkt".

Auf dem „Bürgle" bei Sölden

Von den Heiligen geht es hinauf in den Wald – im Dorf zeigen Bürglestraße und Schloßweg die Richtung an. Auf dem Gipfel hatten die Herren von Scherzingen eine Burg, die Stelle heißt im Volksmund von jeher das „Bürgle", das „alte Schloß" oder das „Heidenschloß". Mauern sind nicht mehr zu sehen, man hat ja die Ruine wie üblich als Steinbruch genutzt. Aber die Geländeformen und Felsen deuten manches an.

Dieser Ort ist in den Sagen mit unheimlichen Geschehnissen verbunden. Eines Abends tauchten „viele, viele Füchse auf in allen Farben", was zwei Männer so erschreckte, dass sie die Flucht ergriffen. „Da erhob sich beim hellen Mondschein ein Sturmwind, welcher Bäume zu entwurzeln und ihre Wipfel zu knicken schien, bis sich nach kurzer Zeit das Getöse wieder legte und alles still war, wie zuvor." Einem anderen Mann, der mehrere Wochen lang am „Bürgle“ vorbeimusste, sei jedes Mal eine schwarze Gestalt erschienen, „die ihn lautlos bis zu einem Kreuzweg begleitete, wo sie über den Weg trat und verschwand“.

Im Unterschied zu solchen sagenhaften Überlieferungen kann die Saalenbergkapelle – die dritte Station auf dieser Tour – eine ganz reale, dennoch höchst ungewöhnliche Geschichte bieten. Sie handelt von der „Schwobenhofbäuerin“ Fides Franz, die erleben und erleiden musste, dass innerhalb weniger Jahre zahlreiche Familienmitglieder starben: ihre sieben Kinder, ihr Gatte und weitere Verwandte auf dem Hof. Nach diesen Schicksalsschlägen stiftete sie die „Muttergotteskapelle“, die 1875 auf der aussichtsreichen Kuppe über dem Dorf gebaut wurde.

Die Kapelle ist vom Tal aus gesehen ein winziger weißer Punkt und markiert einen Hügel (früher „Salperg“), der bereits in vorchristlicher Zeit bedeutsam war. An diesem Ort befand sich ein Friedhof der Alemannen. „Ganz gewiß veranstalteten die heidnischen Vorfahren hier ihren Götterkult“, so Pfarrer Kern.

Zu den heidnischen Vorfahren gibt es unterhalb von Sölden eine Fortsetzung: Der „Heidenweg“ führt zum Gewann „Heiden“, wo das „Heidenbächle“ fließt und der „Heidenhof“ stand. In diesem stimmungsvollen Bereich verläuft auch der „Bettlerpfad“. Er berührt eine Zone, die schon in sehr alter Zeit eine spezielle Bedeutung hatte. Für Menschen der Mittelsteinzeit, die bei Bollschweil siedelten, war der Hornstein interessant, „den sie auf dem nahegelegenen Gewann ›Heiden‹ massenhaft fanden… Seine gut spaltbaren faust- bis kopfgroßen Knollen kann man noch heute auf den Ackerflächen des ›Heiden‹ mühelos aufheben“, so Walter Fahl.

Und man kann an die steinzeitlichen Wohnplätze denken, die oberhalb von Bollschweil am Hang über der Möhlin lagen. Das ist eine Stelle, wo viele anhalten möchten, wenn sie durch den Wald bei Sölden gefahren sind und plötzlich die weite Landschaft vor sich haben. Der Blick über das Hexental zum Ölberg bei Ehrenstetten und in die Rheinebene kann jedes Mal aufs Neue begeistern. Er verbindet auch mit einer Gegend, in der sich die alten Plätze konzentrieren, wie nachher geschildert wird. Jetzt geht es aber zuerst nach St. Ulrich zu geheimnisvollen Dingen hinauf.

25

St. Ulrich, „Teufelsstein" und Birchiburg

Um einen berühmten Heiligen, eine rätselhafte Brunnenschale und eine sagenhafte Burg, die vor kurzem ausgegraben wurde, kreisen die Geschichten im oberen Möhlintal. Dort wurde schon früher als in Sölden ein Kloster gegründet – und ebenfalls von Cluny geprägt. Von der burgundischen Abtei war der Mönch Ulrich, der aus Regensburg stammte, in den süddeutschen Raum gesandt worden. In dem Tal am Schwarzwaldrand fand er einen schönen Ort, um seine Tätigkeiten zu entfalten. An seine außergewöhnlichen Fähigkeiten erinnern Fresken in der Kirche: Heilungen von Kranken und andere Wundertaten.

„Schon bald nach seinem Tod setzte eine lebhafte Verehrung Ulrichs als Heiliger ein", heißt es in einer Schrift aus dem Pfarramt. Das „durch Wunder berühmte Grab" zog die Pilger an – und ein zweiter Ort gehörte dazu: die Brunnenkapelle an der Möhlin unterhalb des Klosters. „Der Brunnen wird durch alle Generationen in hohen Ehren gehalten, weil man annimmt, daß dies der erste Brunnen sei, den der hl. Ulrich hier benützt habe, und daß ihm eine gewisse Heilkraft anhaftet. Noch heute wird am Ulrichsfest (14. Juli) das Ulrichswasser geweiht und bei der Prozession eine Station an der Brunnenkapelle gehalten."

Von den Besuchern wird aber besonders der „Taufstein" beachtet, die große Schale mit ihrem kunstvollen Relief am Eingang zur Kirche. Das tonnenschwere Objekt aus Buntsandstein war den Menschen ein Rätsel, weil dieses Gestein in der Nähe von St. Ulrich nicht vorkommt. Also steckte der Teufel dahinter, wie es von vielen seltsamen Gebilden gesagt wurde. Der Teufel habe den Stein gebracht, so die Sage – nach Baader (1851) in folgender Version:

„Der heilige Ulrich hatte sein kleines Kloster im Möhlingrunde ausgebaut und wünschte nun noch einen steinernen Trog zu einem Brunnen. In dem Grunde selbst konnte er keinen tauglichen Stein auffinden und anders woher, wegen der Enge des Thalwegs, keinen kommen lassen. Da schlief er eines Abends im Freien ein und erblickte im Traum auf dem Meeresgrund einen runden Sandsteinblock, der zu einer Brunnenschale wie gemacht schien. Als er erwachte, war es Morgen, es kam ein Jäger, sprach mit ihm und erbot sich, nachdem er des Heiligen Traum und sein Verlangen nach dem Steinblock erfahren, diesen noch vor Abend herbeizuschaffen, wenn Ulrich ihm dafür seine Seele verschriebe. Da wußte der letztere, mit wem er es zu thun habe und sagte: ›Um neun Uhr will ich Messe lesen und, wenn du den Stein vor der Wandlung zum Kloster schaffst, nach meinem Tode dein eigen sein; bringst du ihn aber erst nach der Wandlung, so gehört er mir, und ich nicht dir.‹ Mit diesem Vorschlag war der Teufel zufrieden und eilte von dannen. Zur festgesetzten Zeit las der Heilige die Messe, worin er Gott um Beistand gegen den Bösen bat. Unterdessen schwebte dieser mit dem Block auf dem Kopfe heran; aber in der Ferne tönte ihm schon das erste Läuten zur Wandlung entgegen, und bei seiner Ankunft auf dem Berg Geiersnest erklang das zweite. Da warf er voll Grimm den Stein in das Thal hinab und fuhr brüllend davon. Mit Freuden sah Ulrich, als er aus der Kirche kam, den Block beim Kloster liegen und ließ aus ihm von seinen Mönchen das kunstreiche Becken mit den Heiligenbildern machen…"

Außer der Volkssage sind etliche Vermutungen zu finden, woher die Schale stammen könnte. Wurde sie gar von Cluny in den Breisgau gebracht? Ein Transport über weite Strecken ist jedoch unwahrscheinlich, also muss es eine andere Lösung geben. Ein überraschender Vorschlag aus jüngster Zeit stellt eine Verbindung zum Bergbau her. Bei dem Objekt handelt es sich demnach um eine „Mahlschale der bergbaulichen Aufbereitung", die später zu einer Brunnenschale umgearbeitet wurde, wie der Freiburger Geologe Hansjosef Maus ermittelt hat.

Bei dieser Sicht erklärt sich so manches. Den Stein haben tatsächlich „Teufel" gebracht, „wurden doch in früheren Zeiten die Bergleute wegen ihrer geheimnisvollen Tätigkeit unter Tage als Teufel bezeichnet. Diese Bezeichnung hat sich in den Namen Teufelsgrund, Teufelsloch und ähnlichen für ehemalige Bergwerke bis auf den heutigen Tag erhalten. Und diese ›Teufel‹ waren durchaus in der Lage, eine derart schwere Last zu transportieren…“ Das Möhlintal habe für den Transport (etwa 14 Tonnen Gewicht) keine Möglichkeit geboten. Richtig sei, „dass der Transport über das Geiersnest ging“ – der Stein also von oben kam, wie es die Sage andeutet – „allerdings wohl weniger durch die Luft als vielmehr auf Gleitschienen und Rollen oder bei gefrorenem Boden mit Eis und Schnee auf Kufen“.

Der Stein stamme wohl aus den früheren Steinbrüchen am Lorettoberg bei Freiburg, von dort sei die Wegstrecke über den Illenberg und die Horbener Höhe bis nach St. Ulrich etwa 9 km gewesen. Aus dem unbehauenen Block sei dann ein schalenförmiger Mahlstein gefertigt worden, der „sozusagen auf dem Kopf“ über einem feststehenden Mahlstein gedreht wurde. Diese Erzmühle war offenbar bald außer Betrieb und eine andere Nutzung möglich – als Brunnenschale im Klostergarten, „von einem cluniazensischen oder Hirsauer Steinmetz mit einem prächtigen Bilderfries versehen“.

Vom Bergbau vermittelt eine weitere Stelle mehr: Unterhalb von St. Ulrich gab es am Birkenberg die Birchiburg – früher fast nur sagenhaft, jetzt aber durch Ausgrabungen bestätigt. Nach der Sage befand sich die Burg „inmitten von neun jetzt noch zugänglichen Stollen, in denen es nicht ganz geheuer ist“, so bei Schreiber 1898. „Von Mord und Todschlag, der darin verübt wurde, wird berichtet, und von den Geistern der Abgestorbenen…“

Wie die Forschungen ergeben haben, lag die Burg in einem bedeutenden Erzrevier des Mittelalters, wo vor allem Silber, Kupfer und Blei gewonnen wurden, und gehörte einem Zweig der Familie Snewlin. Am Birkenberg war das

Am Birkenberg

Zentrum der Aktivitäten, die Bergleute wohnten auch dort. Sie haben am ganzen Hang Spuren hinterlassen, über die neuerdings ein bergbauhistorischer Lehrpfad informiert. Er beginnt unterhalb der Abzweigung „Gütle“, ist mit gut gemachten Tafeln (Texte und Bilder) ausgestattet und erinnert an ein fast vergessenes Geschehen im heute so beschaulichen Möhlintal.

26

Alte Plätze bei Ehrenstetten

Wo das Hexental in die Rheinebene mündet, locken mehrere spannende Ziele und sind gut miteinander zu verbinden – von einem steinzeitlichen Platz über einen keltischen zu einem alemannischen und weiteren Stationen aus anderen Zeiten.

Am nördlichen Talrand erhebt sich der Ölberg zwischen Bollschweil und Ehrenstetten, wo vor allem die Grottenstation altsteinzeitlicher Jäger interessiert. Sie liegt am bewaldeten Felshang über dem Weiler Gütighofen und wird als „Teufelsküche" bezeichnet, was offensichtlich die auffällige Grotte am Anfang meint. Sie ist rußgeschwärzt und hat einen Rauchabzug durch eine natürliche Auswaschung, einen Schlot im Kalkgestein. Andere Grotten folgen gleich nebenan, dann führt ein Pfad an der Felswand entlang. Bald ist hoch oben ein kleiner Höhleneingang zu sehen, eine Kette hängt von dort herab. Die Fundstelle aber, wo in den 1920er-Jahren bei Ausgrabungen Steinwerkzeuge und Knochen von erlegten Tieren zutage kamen, liegt weiter hinten am Hang und ist nur schwer zu erreichen – hinter dem seltsamen Gemäuer, an dem der gut begehbare Pfad endet.

Es handelt sich bei diesem Gemäuer um den Rest einer kleinen Grottenburg – also noch eine Rarität, denn diese Burgenart ist bei uns extrem selten. Von dem kleinen Bau am Ölberg wird berichtet, dass er nach Scherbenfunden vom 12. bis in das 16. Jahrhundert bewohnt war. Das Geheimnis, wer diese Leute waren, sei noch zu lüften, schreibt Ines Balzer in ihrem archäologischen Wanderführer. Doch aus späterer Zeit seien zwei Männer bekannt, „die in dem schon zerfalle-

„Teufelsküche“ am Ölberg

nen Gemäuer nacheinander Zuflucht suchten".

Wie es in den Mitteilungen des Breisgau-Geschichtsvereins von 1887 heißt, „mag das Gemäuer wohl einst dem tollkühnen Dominicanerpater Michael aus dem Predigerkloster zu Freiburg als Versteck gedient haben, der an der Spitze von versprengten österreichischen Soldaten und zum äußersten getriebenen Bauern während des dreißigjährigen Krieges im Frühjahr 1633 gegen die herumschweifenden Schweden in der Umgebung von den benachbarten Kirchhofen einen Kleinkrieg nicht ohne Glück führte." Als nachfolgender Bewohner wird ein „armer Sonderling" erwähnt, „der so eine Art Waldbruder vorstellte, wie diese Erscheinungen zu einer Zeit, wo noch fast keine wohlthätigen Pflege-Anstalten für die Unterbringung verlassener, geistig gestörter oder gemüthskranker Landarmen bestanden, selbst bis in unser Jahrhundert hinein gar nichts seltenes waren".

Außer dem felsigen Hang, der zum Teil wild bewachsen ein Paradies für seltene Pflanzen und Tiere ist, weist auch die Kuppe des Ölbergs Besonderes auf: eine dreifach gestaffelte Wallanlage, vermutlich aus dem frühen Mittelalter. Viel mehr ist von dem Platz bisher nicht bekannt. Er war offenbar bereits in prähistorischer Zeit besiedelt, wie aufgesammelte Keramikscherben anzeigen.

Auf der anderen Talseite geht es im Ehrenstetter Grund weiter. Dort wartet ein volkstümliches Heiligtum im Wiesengelände am Bach, die „Streicherkapelle", schon 1554 als „Streichen Cäppelin" erwähnt. „Eine Wallfahrt zu den Vierzehn Nothelfern besteht seit dem 16. Jahrhundert, ist aber Anfang unseres Jahrhunderts fast eingegangen", informiert Brommer (1990). „Heute wird hier besonders die Königin aller Heiligen unter dem Titel der ›Dreimal wunderbaren

„Streicherkapelle" im Ehrenstetter Grund

Mutter‹ verehrt." Rührend einfache Votivtafeln hängen an der Wand.

Als Fortsetzung kommen zwei spannende Wege in Frage: auf den Spuren der mittelalterlichen Bergleute und auf den Spuren der Kelten. Vom Bergbau – er galt auch hier vor allem dem Silber – sind hinten im Ehrenstetter Grund noch manche Relikte zu entdecken. Direkt am Hauptweg ist eine in den Fels gehauene „Radstube" zu sehen. In der Felskammer lief ein großes Wasserrad, das für den Betrieb eine wichtige Funktion hatte. Aufmerksame Beobachter können außerdem Reste eines Hangkanals, einer künstlichen Teichanlage sowie von Schächten und Stollen erkennen. Besonders eindrucksvoll ist ein tiefer Schacht oberhalb der „Radstube", allerdings nicht leicht erreichbar. Im Linglegrund, einem kleinen Seitental, führt ein Pfad (etwa 100 m nach der Abzweigung) rechts hinauf und am Hang entlang zu dem umzäunten Schacht, der 45 m tief sein soll. Von seinem Boden aus führen, wie berichtet wird, verschiedene Stollen weg. In einem seien Keramikfragmente aus dem 13./14. Jahrhundert gefunden worden.

Jetzt aber zu den Kelten und ihrem befestigten Siedlungsplatz auf der Anhöhe „Kegelriß“ (oder „Kegelries“) zwischen Ehrenstetter Grund und Norsinger Grund. Eine relativ gut erhaltene Wallanlage zieht sich um den Rücken herum; die Archäologen sprechen von einer stadtartigen Anlage. Sie haben hier spätkeltische Münzen gefunden, die über weite Teile des Innenraums verstreut waren. Und Silber – das Erz in der Gegend – könnte der Grund gewesen sein, diesen Platz auszuwählen.

Er ist am besten auf dem Weg zu erreichen, der vom Wanderparkplatz Ehrenstetter Grund am Schützenhaus vorbei und beim alten Lehenhof nach links auf den Hügel führt. Am Lehenhof kann überraschenderweise an Karl May erinnert werden, der hier zu Besuch war. Sein Freiburger Verleger Fehsenfeld nutzte den Hof als Jagdhaus, und so kam der Schriftsteller mehrmals hierher. Zusammen mit Männern aus Ehrenstetten haben sie nächtelang Karten gespielt und so stark Zigarren geraucht, dass der Kanarienvogel schließlich tot im Käfig lag.

Dieses Anwesen wird vom „Bettlerpfad“ gestreift, viele Wanderer gehen im Laufe des Jahres am Zaun entlang. Sie erreichen dann in Richtung Staufen die bekannten Alemannengräber, die wiederum auf etwas weniger Bekanntes verweisen: An einer denkmalartig aufgestellten Grabplatte informiert eine Schrift darüber, dass dieser Friedhof aus dem 6. bis 8. Jahrhundert stammt und „zu dem weiter unten ge-

Lehenhof bei Ehrenstetten

legenen, seit 1457 verschwundenen Dorfe Wolfsberg gehörte".

Der Name Wolfsberg führt zum Wolfsberggraben, wie der tief eingeschnittene Wasserlauf unterhalb der Alemannengräber heißt, führt zu versteckten Reizen, zu Andeutungen und Ahnungen in ländlicher Abgeschiedenheit. Mit dem verschwundenen Dorf im Hinterkopf wird die Gegend natürlich „aufgeladen" und anders erlebt. Im Gelände wird mehr beachtet als üblicherweise – das macht solche kleinen „Feldforschungen" immer wieder interessant.

27

Das Schlatter Bergle, die Quelle und Keltengräber

Die unscheinbarsten Orte haben oft Erstaunliches zu bieten, ein Beispiel ist das kleine Dorf Schlatt bei Bad Krozingen mit dem Schlatter Bergle, einem guten Aussichtspunkt. Er lässt sich leicht vom Bahnhof Bad Krozingen aus mit einem Spaziergang durch den Kurpark erreichen, und durch die Felder geht es dann zu den Reben hinauf. Von dem Dorf Schlatt ist noch nichts zu sehen, es liegt versteckt hinter dem Hügel, aber ein früheres Dorf taucht in der Vorstellung auf – eine keltische Höhensiedlung hier oben, wo jetzt der Wein wächst; sie wurde auf dem nördlichen Sporn entdeckt, der nach Westen und Osten steil abfällt.

Mit dieser befestigten Hallstattsiedlung hängen sehr wahrscheinlich die Grabhügel in der Ebene zusammen, die als Fürstengrabhügel bezeichnet werden. Dazu in dem Standartwerk über die Kelten in Baden-Württemberg: „Vom ehemals größten Hügel, dem Hittebuck, heißt es um 1800, er sei 12 m hoch, um 1839 beschreibt ihn der Freiburger Altertumsforscher Schreiber noch als 4,5 m hohen Hügel. Durch ständiges Lehmabtragen zur Verbesserung der umliegenden kiesigen Felder wurde dieser Fürstenhügel immer mehr zerstört, und heute ist nur noch ein jämmerlicher, kaum erahnbarer Rest am Waldrand und unter einem Feldweg zurückgeblieben."

Dieser „Heidenbuck" oder „Hunnenbuck" westlich des Dorfes wurde früher im Volk als das Grab des Hunnenkönigs Attila angesehen, der nach einer Sage mit seinen Schätzen und einem lebensgroßen goldenen Götzenkalb hier begraben sei. Nachdem ein Raubgräber wirklich das goldene Kalb gesucht hatte, wurde einer der Hügel 1933 archäologisch untersucht und als keltische Anlage erkannt. Aufsehen erregte besonders ein Ring aus Eisenschlacken und Asche im Hügel. Er zeigt an, welche Bedeutung die Eisenverhüttung für diese Menschen hatte, so kommentieren die Archäologen. Sein Sinn lässt sich wohl nicht genauer ermitteln. Er gilt als etwas Besonderes, dieser „Ring von Schlatt".

Ungewöhnliches wird auch vom Schlatter Bergle berichtet: „Dort oben ist ja eine Wasserpumpstation", erzählt Peter Burger, ein sensitiver Erkunder der Landschaft. „Und ich bin mit einer Gruppe von Menschen dort hochgegangen, um ihnen das Fühlen in der Natur zu zeigen. Da waren ein paar sehr sensible Frauen dabei, denen wurde so heiß dort oben, dass sie dann förmlich geflüchtet sind von diesem Berg. Und ich weiß eben auch aus meiner Beobachtung, dass dort insgesamt viel zu viel Energie verborgen ist. Ich möchte nicht behaupten, dass es ein Kraftplatz ist, sondern eher problematisch..."

Wie dem auch sei – mit der erwähnten Wasserstation kündigt sich die Quelle an, die am Fuße des Hügels entspringt, wo versteckt die Schlatter Kirche steht. Durch die Reben geht es hinab zu der Stelle, an der sich geschichtliche und atmosphärische Reize konzentrieren, angefangen bei dem Namen „slatta", was ein feuchtes, sumpfiges Gelände meint.

Das Wasser aus der Quellgrotte wurde wohl schon von den Kelten genutzt und verehrt, in der christlichen Zeit berichtet die Sage, die Hunnen hätten das „Frauenkloster bei dem Heilbrunnen und den größten Teil des Dorfes" zerstört. Später hatten die „Lazariter" an diesem „Heilbrunnen" ein

Quellgrotte in Schlatt

Leprosenhaus. Und der Glaube an die Heilkraft der Quelle hielt sich im Volk auch weiter. Bis zum Ende des 18. Jahrhunderts war es üblich, die Säuglinge am Tauftag zuerst in die Quelle zu tauchen, um sie dann in die nahe Kirche zu tragen. Auch konnte man damals auf dem Apollinaris-Altar der Kirche manchmal „ sieche Kinder“ liegen sehen, „die oft von weit hergebracht und von der ›alten Müllerin‹ durch das Bächlein gezogen worden waren“, wie es in der Ortschronik heißt.

Aus dieser Quelle wurde das Dorf von alters her versorgt, das Wasser trieb auch die Dorfmühle an und später ein kleines Kraftwerk. Außerdem fanden hier in einem Gasthaus „Quelle“ und in einem Lustgarten am Hang rauschende Feste statt, „Italienische Nächte“, wie sie der Ortschronist Alfons Kind beschrieben hat:

Kirche St. Sebastian in Schlatt

„Bis in die Zeit zwischen den Kriegen riefen die Wirte auf der ›Quelle‹ am Berg oftmals zu ihren ›Lichtfesten‹ auf. In den Anlagen am Hang stieg eine Lichterkette in den Farben des Regenbogens bei einbrechender Dunkelheit zum Himmel. Das Feuerwerk fesselte Hunderte von Neugierigen, die oft von weither sich einfanden... Schlatter Maidli servierten Wein. Man stach das ›große Faß‹ an. Wenn im Osten das Frühlicht aufblitzte, brachen die Besucher auf und verschwanden in alle Himmelsrichtungen."

Und von der Quelle zum Bach: Er ist eine weitere Schlatter Spezialität. Er hat „die Eigentümlichkeit, daß er nie zufriert, auch im härtesten Winter nicht", weil die Quelle eine fast gleich bleibende Temperatur von 9 Grad Celsius aufweise. Dieses Bächlein lieben die Dorfbewohner ganz besonders. Auch die Besucher werden von den Forellen gefesselt, die in der Strömung stehen und durch die Dolen flitzen.

Hier treibt nach der Sage das „Waschweibl" sein Unwesen: „Es plätschert und tätschelt und watschelt im Wasser...; es wird nicht gesehen, aber deutlich gehört und sehr gefürchtet." Überhaupt geistern in der Sage von Schlatt viele gute und böse Gestalten durchs Dorf und über die Felder; sie haben zum Teil drollige Namen – der „Popili", das „Schrötili", der „Chuchihänsel" und der „Schimmelireiter". Und bei der Kirche wird in manchen Nächten eine Klosterfrau gesehen, „welche in ihrem Ordenskleide, das grüne Kreuz auf dem Mantel, zu heiligen Zeiten gemessen auf und abschreitet und gegen die Quelle verschwindet".

28

Münstertal, Kloster und versunkene Stadt

Vom Kloster und Bergbau, von der versunkenen Stadt Münster und verschwundenen Burgen handeln im Breisgauer Münstertal die geheimnisvollen Geschichten. Sie reichen vom heiligen Trudpert bis zum bösen „Scharfensteiner“ und weisen zum Teil auf Plätze hin, die kaum bekannt sind.

So gibt es bereits am berühmtesten Ort, an dem großartigen Klosterkomplex eine Stelle hinter der Kirche zu entdecken – abseits vom Hauptbetrieb, aber in früheren Zeiten stark besucht. An der Stelle, wo der Mönch Trudpert um das Jahr 607 seine Zelle baute und von zwei Knechten erschlagen wurde, wie die Legende sagt, steht „über einer dem Märtyrer geweihten Quelle“ die Wallfahrtskapelle. Sie wurde anstelle einer älteren um 1700 erbaut, als die Trudpertverehrung neu auflebte, die schon im 7. Jahrhundert begonnen haben soll. Eine „größere regionale Wallfahrt“ entstand im 12. Jahrhundert, und nach Unterbrechungen durch Kriege kam eine „barocke Blüte“ mit großen Feierlichkeiten und zahlreichen Wallfahrtsprozessionen aus der weiteren Umgebung, wie berichtet wird.

„Viele Jahrhunderte lang war die Trudpert-Kapelle ein Wallfahrtsheiligtum. Viele Darstellungen und Urkunden bezeugen, wie kranke und leidende Menschen ihre Zuflucht zum Heiligen des Münstertales – zum Apostel des Breisgaus – nahmen und als Zeichen ihres Vertrauens auch das Wasser der Trudpert-Quelle tranken, die kranken Augen oder leidenden Glieder benetzten“, wie Manfred Lange schreibt. Heute ist die Kapelle zwar nur selten geöffnet, doch den Besuchern wird ein Ersatz geboten: Eine Treppe führt außen in ein Gewölbe und zur Quelle hinab.

An dem beschaulichen Platz bei der Kapelle sind auch ungewohnte Einblicke in die Architektur der Klosteranlage möglich, von hier aus erscheinen die Gebäude besonders mächtig; sie wirken zugleich rätselhaft, weil sie ja für Besucher normalerweise verschlossen sind. Es interessiert natürlich, was in diesen Gebäuden geschieht. Ein Besuch bei den Schwestern, die heute hier leben, klärt darüber auf:

Seit 1919 sind in den Gebäuden die St. Josef-Schwestern zu Hause. Hier ist ihr „Mutterhaus“, befindet sich die Verwaltung der ganzen Kongregation, werden junge Frauen zu Ordensschwestern ausgebildet, verbringen die alten und kranken Schwestern ihren Lebensabend. Die anderen, die draußen in verschiedenen Bereichen tätig sind – in der

Krankenpflege, auf Sozialstationen, in Altenpflegeheimen, in Kindergärten und Gemeinden – kommen etwa jährlich hierher „zur geistigen Erneuerung, zu Exerzitien“, können hier Ferien machen und sich erholen. Die Lebensmittel werden in eigener Landwirtschaft, Gärtnerei und Bäckerei produziert.

Jetzt aber zurück in die alte Zeit, als das Kloster St. Trudpert im Silberbergbau engagiert war und eine Stadt namens Münster (von monasterium = Kloster) blühte. Von dieser „Bergstadt“ war bis vor kurzem wenig bekannt, erst neue Forschungen haben Genaueres ergeben. Bei den Grabungen in den 1990er-Jahren stellte sich zum Beispiel heraus, dass diese Stadt nicht durch kriegerische Geschehnisse zerstört wurde, wie die Sage behauptet, sondern „von einem verheerenden Hochwasser“.

In der Sage heißt es nämlich, die Stadt Münster sei um das Jahr 1346 „von den Bürgern Freiburgs in einer Fehde eingenommen und zerstört“ worden. In Wirklichkeit richtete sich dieser Kriegszug, der auch historisch überliefert ist, gegen die weltlichen Machthaber, die Herren von Staufen. Ihre Stützpunkte wurden angegriffen – die Burg Scharfenstein oben und eine Wasserburg unten im Tal. Bei den Grabungen auf dem Areal der „Stadtwüstung Münster“ unterhalb des Klosters kam diese „bislang ganz unbekannte Wasserburg“ ans Licht und zeigte gewaltsame Zerstörungen im 14. Jahrhundert.

Warum die Freiburger so aufgebracht waren, das hatte natürlich mit dem Silber zu tun: Vogt Johann von Staufen verkaufte die Stadt Münster an das Haus Österreich, was in Freiburg eine „gewaltige Aufregung“ hervorrief, da „Freiburger Patrizier in den Bergbau im Münstertal investiert hatten und nun ihre Investitionen gefährdet sahen", wie es in einem Bericht aus dem Landesdenkmalamt erklärt wird. Der Zorn der Freiburger habe sich freilich nur gegen die Symbole der Herrschaft gerichtet, „sicherlich aber nicht gegen ihren eigenen Hausbesitz und ihre Wirtschaftsbetriebe in der Stadt". Diese Siedlung fiel später einem Hochwasser zum Opfer. Was die Forscher gefunden haben – und zum Teil in einer Dauerausstellung im Rathaus gezeigt wird – sind Nachrichten aus einer versunkenen Stadt.

Und was gibt es in der Umgebung zu entdecken? Außer den Stationen am bergbaugeschichtlichen Wanderweg sind es vor allem drei wildromantische Burgstellen: die als „Schloßreste" bezeichnete Örtlichkeit auf der Etzenbacher Höhe, dann die rätselhafte Rödelsburg auf dem Gipfel zwischen Münstertal und Hexental, schließlich der spektakuläre Scharfenstein im oberen Münstertal an der Straße zum Wiedener Eck. Auf dem hohen Felsen stand in extremer Position die Burg Scharfenstein – bei dem erwähnten Kriegszug der Freiburger im Jahr 1346 zerstört.

Vom letzten Scharfensteiner berichtet eine Sage nichts Gutes. Danach hatte der Burgherr eine „verstohlene Neigung" zu einem Pflegekind, das zur „ blühenden Jungfrau" herangewachsen war. Seine Gemahlin aber schloss er ein, und zwar nicht auf dem Scharfenstein, „sondern drüben am Heidenstein, in tiefster Wildnis unter den Gewölben einer alten Römerburg, auf der Stelle, die man jetzt noch die Burgeck nennt, sollte sie langsam verschmachten".

Eine genaue Ortsbeschreibung – die Sage ist reich an interessanten Details. So kommt die Rettung „durch die Klugheit und Treue eines auf Burg Scharfenstein wenig beachteten Geschöpfes, eines wegen seiner Häßlichkeit schlecht

Der Scharfenstein

behandelten Hundes namens Blauli, so benannt wegen seines grauen, in's Blaue spielenden zottigen Pelzes... Durch einen unterirdischen Gang, wahrscheinlich einen längst vergessenen Stollen, hatte er Zugang zu ihr gefunden..."

29

Entdeckungen bei Sulzburg

Im Sulzbachtal gibt es vom Anfang am Kastelberg bis zum Ende bei Bad Sulzburg viele bedeutsame Stätten aus alten Zeiten, darunter auch solche, die vor kurzem noch gar nicht bekannt waren. Diese Plätze haben mit Bergbau zu tun, aber nicht nur mit den umfangreichen Aktivitäten im Mittelalter, sondern auch mit Bergbau von Römern, die schon viel früher dem Silber bei Sulzburg auf der Spur waren. Und als große Überraschung kommt sogar steinzeitlicher Bergbau dazu.

Sehr spannend war es in den 1980er-Jahren, als auf einem unscheinbaren Gelände namens „Geißmättle" gegraben wurde und sich eine mittelalterliche Bergleutesiedlung mit

Kirche und Friedhof abzeichnete, von deren Existenz niemand wusste. Dieser zweite Sulzburger Siedlungskern lag etwa einen Kilometer vom Klosterort entfernt hinten im Tal neben dem größten silberhaltigen Erzgang des Reviers, dem „Riestergang“. Silber war im Mittelalter so wichtig, weil es die Grundlage der Währung darstellte. In der eigenen Kirche und im Friedhof zeigte sich das gewachsene Selbstbewusstsein der Bergleute und ihr Streben, vom Kloster St. Cyriak als Grundherrschaft unabhängig zu werden. „Die Bergleute brauchten nun nicht mehr beim Kloster St. Cyriak Gottesdienst zu halten und ihre Toten dort zu bestatten, sondern sie hatten die Freiheit, selbst eine Kirche bauen zu lassen“, wie es im Forschungsbericht heißt. Auf dem gleichen „Geißmättle“ legten die Archäologen ein römisches Badegebäude frei, und an anderen Stellen im Sulzbachtal fanden sie Spuren von römischem Bergbau.

Deutlicher sind mittelalterliche Spuren an den Talhängen zu sehen. Schluchtartige Einschnitte, so genannte Verhaue, verschüttete Stolleneingänge und Terrassen liegen am Bergbau-Wanderweg. Ein offener Stollen befindet sich an der Straße beim Sägewerk und vermittelt eine Vorstellung von bergmännischer Arbeit in jener Zeit.

Viel weiter, sogar Jahrtausende führt eine neuere Entdeckung zurück, nämlich steinzeitlicher Bergbau in dieser Gegend. An den Stellen, die bei Bad Sulzburg und beim Rammelsbacher Eck gefunden wurden, haben Menschen in der Zeit um 5000 v. Chr. gezielt einen mineralischen Rohstoff abgebaut: Hämatit, auch roter Ocker, Rötel oder Blutstein genannt. Mit Steinhämmern haben sie die Felsen bearbeitet, in denen das gesuchte Material steckte, haben Steinwerkzeuge und Abbauspuren hinterlassen. Dieses Eisenoxidmi-

Bergwerkstollen bei Sulzburg (am Sägewerk)

neral war wegen seiner roten Farbe für Kultzwecke begehrt, diente aber auch für die Bemalung von Keramik und andere Zwecke. Für die Steinzeit gilt Hämatit als eine „typische und kulturübergreifende Grabbeigabe". Seine Farbe wurde wahrscheinlich „mit der Farbe des Blutes und somit des Lebens in Verbindung gebracht und begründet seine Einbindung in kultisch-religiöse Handlungen", so in der Geschichte Sulzburgs.

Wahrscheinlich wurden die Hämatitvorkommen gelegentlich durch kleine Gruppen von Bergleuten aufgesucht – über viele Jahrzehnte, vielleicht Jahrhunderte hinweg. Dieser „bislang älteste nachgewiesene Bergbau in Deutschland", so in einer Darstellung des Bergbaumuseums in Sulzburg, sei „aufgrund der spektakulären Erhaltung seiner Spuren auch für ganz Mittel- und Westeuropa einzigartig".

Erstaunliches wird ebenfalls über die mühevolle Arbeit des Abbaus in einem „besonders zähen und harten Gestein“ gesagt, „aus dem zudem nur sehr bescheidene Mengen an Ocker zu gewinnen waren“. Wohl kaum aus wirtschaftlichem Interesse sei das geschehen. Vielmehr könne angenommen werden, „dass bereits der Vorgang der Hämatitgewinnung selbst Teil eines Rituals gewesen sein wird, das in der späteren Verwendung des roten Ockers bei kultischen Anlässen seine Fortsetzung fand“.

Diese Plätze, welche für Menschen der Jungsteinzeit offenbar eine große Bedeutung hatten, sind schwer zugänglich, sodass eine Besichtigung kaum in Frage kommt. Was die Archäologen ermittelt haben, ist aber schon spannend genug. An dem Fundort bei Bad Sulzburg (hoch oben in einem steil abfallenden Waldgelände) sind sie auch auf eine senkrecht in den Fels führende Höhlung gestoßen, eine mehrere Meter tiefe „Rötelgrube“.

In ganz anderer Hinsicht macht eine weitere abseitige Stelle im Bergland hinter Sulzburg aufmerksam: Auf der Karte steht „Pfarrhöhle“ in der Gegend beim Sattelplatz über Bad Sulzburg, und in der Sagensammlung von Schreiber (1898) heißt sie die „Höhle des Pfarrers Fecht“. Über sie wird erzählt, ein Pfarrer von Sulzburg sei um das Jahr 1635 vor den kaiserlichen Soldaten, die nach evangelischen Geistlichen „besonders gefahndet hatten“, in den Wald geflüchtet. Mit seiner ganzen zahlreichen Familie habe er sich viele Wochen lang in einer Höhle – „etwa ein einhalb Stunden hinter Sulzburg“ – unter steter Lebensgefahr aufgehalten. „Dabei hatte er von Hunger und Kälte viel zu leiden, versah aber dennoch sein Amt so gut als möglich und daneben noch Mengen, Opfingen, Thiengen, Betberg und Laufen.“

Als ruhigere Zeiten kamen, feierte er die Hochzeit seiner Tochter im Pfarrhaus und schlug eine Spazierfahrt vor: „Es ging in den Bugginger Wald in die Berge hinein und alsdann zu Fuß bis an die Stelle der einstigen Wohnung in der Höhle, wo er eine ergreifende Dankrede hielt."

Die Höhle, „welche jetzt noch gezeigt wird", so 1898, sei wahrscheinlich ein Bergwerkstollen gewesen, was in dieser Gegend plausibel klingt – und in der Sulzburger Stadtgeschichte bestätigt wird: „Die Pfarrhöhle ist ein etwa 10 m langer Stollen." Zu ihm führt ein interessanter Pfad vom Sattelplatz aus.

Um die Besonderheiten dieser Gegend noch zu vermehren: Hinter Sulzburg wurde in jüngerer Zeit sogar Gold gefunden. „Bis vor wenigen Jahren war man in Fachkreisen überzeugt, daß es im Schwarzwald kein Gold gibt, abgese-

Eingang der „Pfarrhöhle"

hen von sehr geringen Mengen in manchen Silber-Blei-Erzgängen, die jedoch einen Abbau nicht lohnten", so berichtet Hansjosef Maus 1993 in der Sulzburger Stadtgeschichte. Deshalb sei man überrascht gewesen, als ein junger Forscher aus Freiburg behauptete, er habe bei Sulzburg Gold gewaschen, „und zum Beweis seiner Worte ein kleines Häufchen von Goldflitterchen vorlegte". Im Auftrag des Geologischen Landesamtes wurde die bezeichnete Gegend genauer abgesucht, um das Ursprungsgestein, also die „Goldquelle" zu finden, und an zwei Stellen hatte die Suche Erfolg: in der Umgebung des Stangengrundes südlich von Bad Sulzburg und etwas weiter östlich am Weiherkopf. Das Gold liege als „Freigold oder Berggold" vor, man könne mit einigem Glück und einer starken Lupe auf frischen Gesteinsbruchflächen „schon mal ein Goldfünkchen erkennen".

30

Der Kybfelsen bei Freiburg

Manchmal spielen Kindheitserinnerungen mit, wenn ein Ort besonders intensiv erlebt wird. Beim Kybfelsen auf dem Bergrücken zwischen Dreisamtal und Günterstal wird es wohl bei vielen so sein, die in Freiburg aufgewachsen sind. Hoch oben über der Stadt auf den Felsen herumklettern, Mauerreste entdecken und von einer Burg fantasieren, das hat immer magisch angelockt.

In der alten Überlieferung taucht zunächst die sagenhafte „Kyburg" auf, deren „Herr Günter" das Kloster Günterstal gestiftet habe. Von Schätzen ist die Rede und wie so oft von einem schwarzen Pudel, der sie bewacht. Der Teufel soll vom

Kybfelsen einen großen Brocken gegen die junge Klosterniederlassung geschleudert haben. Bei diesem Felsen hätten sich dann die Feldarbeiter zum Vesperbrot getroffen, und bald sei dort ein Wirtshaus entstanden.

Wie die Funde zeigen, wurde die Burg schon im 13. Jahrhundert aufgegeben. Durch die ungewöhnliche Höhenlage „muß das Leben auf dieser Burg sehr ungemütlich gewesen sein. Einen guten Teil seiner Zeit dürfte das sicher spärliche ›Personal‹ mit der Beschaffung und dem Transport von Wasser, Pferdefutter, Nahrungsmitteln und Brennholz verbracht haben, denn alles mußte mühsam auf die Burg hinaufgeschafft werden", so der Archäologe Heiko Wagner.

Aber diese Felsenhöhe war schon früher besiedelt. Die Fundstücke stammen auch aus keltischer Zeit sowie der Bronzezeit. „Die Menge der Funde in mindestens zwei verschiedenen vorgeschichtlichen Phasen deutet insgesamt eher auf eine Höhensiedlung als auf ein Heiligtum (was es natürlich auch geben kann)", schreibt Wagner. „Der weite Rundblick, die Sichtverbindung zum vorgeschichtlich besiedelten Schönberg und Verbindungswege zwischen den Tälern über zwei Bergsättel nördlich und vor allem südlich des ›Kybfelsens‹ könnten hier eine Rolle gespielt haben. Dennoch ist die unerwartet frühe Nutzung oder Besiedlung des Kybfelsens überraschend, der damit einen der höchstgelegenen vorgeschichtlichen Fundplätze im Schwarzwald darstellt..."

Diese Erkenntnisse wurden vor allem durch Oberflächenfunde bei Begehungen gewonnen, also ohne Grabungen. So wird das Gelände geschont, und es zeigt sich wieder einmal, was mit Aufmerksamkeit möglich ist.

Neuerdings wird über den Kybfelsen spekuliert und ein Heiligtum in keltischer Zeit angenommen – eine Kultstätte für die kleinasiatische Fruchtbarkeitsgöttin Kybele, daher die Bezeichnung Kybfelsen, so der Privatforscher Rudolf Markus in Freiburg. Die Kelten hätten den Kult aus Kleinasien übernommen und in Gallien verbreitet. So sei er auch in das Dreisamtal und auf den aussichtsreichen Felsen gekommen, der Sichtverbindungen mit vielen keltischen Siedlungen bot.

Eine andere Deutung des Namens schlägt Ernst Dreher in seinem Buch über Günterstal vor: „Ausgehend von dem lateinischen Wort cuppa ist der Kybfelsen (Kibfelsen) vielleicht ganz einfach als ›Felsen auf dem Gipfel‹ zu erklären, was der geographischen Wirklichkeit entsprechen würde."

Beim Blick in das Dreisamtal kommt natürlich der Name Tarodunum in den Sinn. Auch dieser Name steht für ein geheimnisvolles Gelände und führt nun in die Gegend bei Kirchzarten an die Dreisam, die bei den Kelten „tragisama" = die „sehr schnell Fließende" hieß.

In Kirchzarten-Burg

31

Tarodunum im Dreisamtal

Im oberen Dreisamtal bilden die Quellbäche bei Kirchzarten ein Dreieck, das von den Kelten als Festung ausgebaut wurde. Sie erhöhten die Böschungen am Rotbach und Wagensteigbach künstlich, so war das Gelände auf zwei Seiten geschützt. An der dritten Seite zog sich der „Heidengraben" quer durch das Tal. Er hat, wie der Name sagt, die Fantasie des Volkes beschäftigt, und die ganze Anlage hat immer wieder Forscher angelockt. So berichtete die Freiburger Zeitung im September 1935 unter der Überschrift „Neue Feststellungen in Tarodunum": „Eine Ausgrabung von Geheimrat Fabricius und Prof. Leonhardt 1901 hat festgestellt, daß der Graben ehemals 12 Meter breit und vier Meter tief war; dahinter war ein mächtiger Wall angeschüttet, dessen Ueberreste noch zwischen Rainhof und ›Schlüssel‹ zu sehen sind. Die Ränder der Volksburg waren durch Erdwälle mit Steinfront gesichert. Heute zwar sieht man nur eine leichte Erhebung; aber 1931 konnte bei einem Hausbau nahe dem Brandenburger Hof eine ausgezeichnet erhaltene Mauerstirn festgestellt werden. Dasselbe ist in den letzten Wochen für die Nordseite geschehen."

Die Befestigungen lassen sich heute auf einem ausgeschilderten Rundweg nachvollziehen, der an der Tarodunum-Schule in Kirchzarten-Burg beginnt. Ein Spaziergang über das Gelände ist deshalb so spannend, weil die Lage und Größe eines keltischen Platzes erlebt wird, der lange Zeit ein Rätsel war. In der Antike als „Tarodunum" erwähnt, als spätkelti-

An der keltischen Festung Tarodunum

sche Befestigungsanlage identifiziert, aber ohne Siedlungsreste im Innern. Wo haben die Menschen gewohnt?

Knapp 1 km westlich, so heißt es nach neueren Erkundungen, fand sich ein Siedlungsareal aus der gleichen Zeit, vergleichbar mit den keltischen Großsiedlungen von Breisach-Hochstetten und Basel-Gasfabrik. Die Bewohner haben wohl in der Nachbarschaft an einer besser geschützten Stelle eine Befestigung gebaut, weil die Zeiten für sie unsicher wurden. Sie haben sie nicht mehr benutzt, sondern sind ausgewandert. Manche mögen auch im Schwarzwald geblieben sein. Und die Reste der Keltenstadt stecken im Boden, sind Geheimnisse im Dreisamtal.

Sie stecken im Gewann „Rotacker" am Ortsrand von Zarten, wo die keltische Siedlung entdeckt wurde, „in der wir das von dem alexandrinischen Geographen Ptolemaios überlieferte Tarodunum sehen dürfen", heißt es aus dem Denkmalamt. Unter den Fundsachen werden zum Beispiel Münzen genannt, sogar Goldmünzen, daneben Goldschmelzprodukte und ein Schrötling, „wodurch die Produktion dieser Münzen in der Siedlung belegt ist". Immer mehr zeige sich die neu entdeckte Siedlung als „bedeutendste Großsiedlung" der jüngeren Latènezeit im Landschaftsraum Breisgau.

Diese Gegend war damals überhaupt stark von keltischer Kultur geprägt, das zeigen auch die großen Anlagen Sasbach-Limberg, Breisach-Hochstetten, Riegel und „Kegelriß" bei Ehrenstetten. „In keinem anderen Landschaftsraum Südwestdeutschlands finden wir in vergleichbarer Dichte Großsiedlungen dieses Zeitabschnittes." Ihre Bedeutung hatten sie zum Teil durch die günstige verkehrsgeographische Lage wie am Rhein und an wichtigen Straßen. In anderen Fällen – Tarodunum im Dreisamtal und „Kegelriß" bei Ehrenstet-

Zeichen des Rundwegs – nach einer keltischen Goldmünze aus Tarodunum

ten – bildete vermutlich der Bergbau den wirtschaftlichen Hintergrund.

Auf alten Bergbau stößt man im Breisgau immer wieder, wie sich bei diesen Erkundungen zeigt. Auch die nächste führt schließlich in diesen Bereich: zu einem sagenhaften Goldbergwerk bei Oberried und zu einem Stollen, in dem – auf Mikrofilm – die Schätze des ganzen Landes liegen.

32

Kloster Oberried, „Schwarzer Christus" und Goldbergwerk

„Als einst Bauern von Oberried nach dem Walde gingen", so erzählt eine Sage, „erblickten sie auf einem der Waldhügel hellglänzende Lichter und hörten ein liebliches Geläute. Dies ereignete sich öfter, sodaß die wunderbare Erscheinung Aufsehen erregte..." In dieser Gegend (im St. Wilhelmer Tal) siedelten sich Zisterzienserinnen von Günterstal im 13. Jahrhundert an, hielten es aber nicht lange in der „schauerlichen Wildnis" aus und kehrten bald nach Günterstal zurück.

Später übernahmen Wilhelmiten aus dem Kloster „Marienpforte" bei Hagenau im Elsass das verwaiste Anwesen;

von ihnen hat das Tal seinen Namen erhalten. Im Laufe der Jahrhunderte mehrmals durch Brände und in Kriegen zerstört, wurde das Kloster St. Wilhelm dann auf einem besseren Gelände mitten in Oberried neu gebaut – und kam durch ein mysteriöses Kreuz in die Sagenwelt. Seine besondere Ausstrahlung ist in der ehemaligen Klosterkirche zu erleben, wo es als „Wallfahrtsbild" verehrt wird: ein Kreuz mit lebensgroßer Christusfigur, dem „Schwarzen Christus von Oberried".

Von diesem Kreuz behauptet die Sage, dass es auf dem Rhein geschwommen und von dort nach Oberried gekommen sei. Am Rhein hätten ein Knecht und eine Magd plötzlich einen „eigentümlichen Gegenstand" gesehen, der ans Ufer trieb. „Sie gewahrten alsbald ein Cruzifix von sonderbarem Aussehen; der lebensgroße Körper des Heilandes sah aus wie eine Leiche, die im Wasser gelegen. Sie zogen das Kreuz aus dem Rhein, banden es ihrer Kuh auf den Rücken und gingen damit in's nächste Dorf, um den Geistlichen um Rat zu fragen, was zu thun sei. Dort angekommen, brachten sie die Kuh gar nicht zum Stillstehen, so daß der Pfarrer sagte, man solle das Tier mit dem Kreuz laufen lassen, wohin es wolle. So ließen sie die Kuh also weiterziehen u. gingen mit ihr ostwärts durch Freiburg in's Dreisamthal nach Oberried, wo sie vor dem Kloster Halt machte. Man erkannte also die Fügung Gottes und verbrachte das Kreuz in die Kirche, wo es dann aufgestellt und von jeher hoch verehrt wurde."

In Wirklichkeit haben es wohl die Wilhelmiten aus dem Elsass mitgebracht, und seine drastische Gestaltung (um 1500 entstanden) ist wahrscheinlich der Grund, warum es Aufsehen erregte und immer noch einen starken Eindruck auf den Betrachter ausübt. Denn der Körper des Gekreuzig-

Der „Schwarze Christus“ von Oberried

ten ist anatomisch genau geschnitzt, die Adern treten bläulich hervor, und die Haare sind echte Menschenhaare. Früher wurde erzählt, dass die Haare wachsen würden. Ein Student sei zu Tode gestürzt, als er eine Probe machen wollte und mit einem Messer in der Hand auf eine Leiter stieg.

Die Legende von den wachsenden Haaren könnte nach Meinung eines früheren Pfarrers so erklärt werden: „Im Lauf der Jahre müssen die Haare erneuert werden, die neuen Haare sehen natürlich schöner und vollkommener aus als die alten. Wenn nun fremde Kirchenbesucher das Kreuz im alten Zustand gesehen haben und einige Zeit später dann im neuen, dann entsteht der Eindruck, die Haare seien gewachsen."

Fantasien haben sich in Oberried natürlich wie sonst in der Gegend auch um den Bergbau gedreht, nur wird hier in einer Sage (nach Schreiber, 1898) ausnahmsweise eine reiche Goldgrube beschrieben, „Sankt Martin" genannt. „Darin lag hinter einer silbernen Thüre ein Standbild dieses Heiligen verborgen, welches von lauterem Golde und dreihundert Mark schwer war. Noch im Jahre 1521 wurde der Bau betrieben, aber bald nachher wegen des hereinbrechenden Krieges eingestellt. Die Bergleute schlossen jedoch die Grube mit einer eisenbeschlagenen Thüre und schütteten dieselbe mit Erde und Steinen zu... Kaum war es wieder ruhiger geworden, so kam die Pest und raffte die Bergleute weg oder scheuchte sie in entfernte Gegenden. Infolge dessen blieb die Grube uneröffnet, und mit der Zeit ist sie immer mehr in Vergessenheit geraten."

Ein anderer Stollen bei Oberried ist durch „Schätze" berühmt geworden – Kulturschätze auf Mikrofilm. Im „Barbarastollen" lagern atombombensicher 600 Millionen Fotos von Dokumenten mit besonderer Aussagekraft zur deutschen Geschichte und Kultur. Dieses Archiv wurde nach der „Haager Konvention für den Schutz von Kulturgut bei bewaffneten Konflikten“ eingerichtet, könnte aber auch bei Naturkatastrophen seinen Sinn haben.

Vielleicht finden einmal Menschen in ferner Zukunft diesen Stollen und wundern sich über den Inhalt – wie wir uns über alte Schriftrollen in einer Höhle wundern. Dann sind auch wir eine versunkene Kultur, und die Zukunftsmenschen pilgern zu der Fundstelle am Berg…

Burgruine Wiesneck

33

Wiesneck und Falkenstein

Am Ende des Dreisamtals hatte die Burg Wiesneck im Mittelalter eine beherrschende Position. Hier lässt sich das Tal überblicken, hier führen wichtige Wege in den Schwarzwald hinauf. Heute ist der Burgplatz bewaldet, aber die Ruine bezieht gerade daraus eine besondere Stimmung, die zu den Sagen passt und auch zu dem „Wiesnecker Krimi", wie die Geschichte zum Teil bezeichnet werden kann.

Was ist von den Wiesneckern bekannt? Dass sie Rivalen der Zähringer waren, dass sie das Kloster St. Märgen gegründet haben „als provokative Behinderung der zähringischen Entwicklungsabsichten; St. Märgen wurde zum Wiesnecker Stachel im Fleisch der Zähringer Schwarzwaldpolitik", so Hans Konrad Schneider in seinem Dreisamtalbuch. – Dass später die Freiburger Familie Snewlin die Burg übernahm und „mit Faustrecht und Gewalt" gegen die Mönche von St. Märgen vorging, sogar einen Abt ermordete. Dass die Burg Wiesneck und die zugehörige Vogtei an das Geschlecht von Blumeneck verkauft wurde und sich der Streit fortsetzte. Wieder wird ein Abt ermordet – so ist die Wiesneck negativ geprägt.

Auch den Schatzgräbern ist es – nach der Sage – schlimm ergangen: „Ein furchtbares Brüllen donnerte in ihre Ohren hinein und als sie sich entsetzt umkehrten, fühlten sie über ihrem Nacken die zottigen Tatzen des Höllenhundes und sahen, wie er mit feuersprühenden Radaugen sie anglotzte und den Rachen öffnete, sie zu verschlingen."

Am hellen Tag läßt sich manchmal ein Fräulein von Wiesneck sehen „wie ein heller Lichtstreifen, mitten im Gebüsche oder in dem dunkeln Gemäuer... Wer aber mit beschwertem Gewissen oder mit böser Absicht in ihre Nähe kommt, der hat gewöhnlich seine Unvorsichtigkeit sehr zu bereuen. Eh' er sich versieht, schlingt sich das Dorngebüsch so fest um ihn, daß er nicht mehr vorwärts kann... Oder es wird vom Turme Mauerwerk auf ihn herabgeschüttet, und er steht in Gefahr, lebendig begraben zu werden."

Ganz ungefährlich ist es nicht, diese Burgruine zu besteigen; das trifft auch auf das nächste Ziel zu, die Ruine Falkenstein im Höllental (bei Falkensteig). Diese Burg hockte direkt über der Straße durch das Höllental (Falkensteiner Tal), um diese wichtige Verbindung zu kontrollieren, und die Position war ebenso günstig, als die Ritter zu Raubrittern wurden und die Reisenden überfielen. „Nicht einmal arme Fußwanderer kamen ungerupft durch die Hölle; doch nicht vergebens schrieen ihre fortgesetzt ehrlosen Handlungen nach Rache zum Himmel auf“, so heißt es in der Sage. Deshalb hätten die Freiburger die Burg zerstört.

Über ihren Erbauer Kuno, der auf einer kunstvollen Grabplatte in der Kirche von Kirchzarten dargestellt ist, wird berichtet, dass er beim Abschied vor einer Kreuzfahrt den Ehering zerbrochen und seiner Gemahlin Ida eine Hälfte überreicht habe mit den Worten, sie solle sieben Jahre lang auf seine Rückkehr warten, danach sei ihre Ehe aufgelöst. In der Sage wird dann geschildert, wie der Ritter in Gefangenschaft der Türken geriet, wie er später entfliehen konnte und mit Hilfe des Bösen auf einem Löwen nach Hause flog, wo er gerade noch rechtzeitig eintraf, bevor seine Frau einen anderen heiratete. „Noch heute erscheint der Ritter da und dort als ›freundlicher Alter‹ und führt den einsamen Wanderer, wenn er, vielleicht getäuscht durch eine Irrlist oder geneckt von Kobolden, auf wüster Haide oder im wild verwachsenen Walde des Weges Spur verlor, auf den rechten Weg zurück.“

34

Der heilige Berg Ohmen bei St. Märgen

Der östliche Breisgau ist mit seinen zahlreichen Kapellen, den größeren Pilgerstätten St. Ottilien, Giersberg, Lindenberg, St. Märgen und Oberried eine dicht besetzte „Sakralregion“, in der viele wundersame Geschichten zu finden sind. Von dem Felsen bei Freiburg, der sich für Odilia öffnete und sie vor ihren Verfolgern schützte, reichen die Legenden bis zu Marienerscheinungen auf dem Lindenberg bei St. Peter und zu einem seltsamen „Spankreuz“, das fast wie eine Reliquie verehrt wird. Über die Herkunft heißt es, dass ein alter, erblindeter Bauer, der durch die Herzlosigkeit seiner Familie viel Not erlitt, in seinem Kummer zum Lindenberg pilgerte. „Dort schläft er nach dem Gebet auf einem Hobelspäne-Haufen ein. Die ihm im Traum erscheinende Gottesmutter sagt ihm Hilfe und Heilung zu, und zum Pfand dafür gibt sie ihm ein aus zwei Hobelspänen gemachtes Kreuzchen…"

Vom Lindenberg wird viel gesprochen, weniger von einem anderen heiligen Berg in dieser Landschaft – dem geheimnisvollen „Ohmen" bei St. Märgen. Er ist ebenso ein Wallfahrtsort und war es wohl schon in vorchristlicher Zeit, denn der Name „dürfte keltischen Ursprungs sein und bedeutet soviel wie Friedensberg" (nach einer Schrift aus dem Pfarramt St. Märgen). Eine andere Publikation aus dem Ort vergleicht ihn mit Bergen, „die im Schwarzwald seit urdenklicher Zeit kahl waren und damit auffielen und gern besucht wurden, gar Kultstätten wurden". Der „Ohmen" sei früher „kahl bis ins Tal und auffallend" gewesen. „Kahl können im Schwarzwald in der Frühzeit nur Berge gewesen sein, die von einem Feuer vom Himmel kahl gebrannt wurden, ein Grund zu kultischem Gebrauch."

Auf dieser „ehemals heidnischen Kultstätte" wird jetzt seit vielen Jahrhunderten der heilige Judas Thaddäus verehrt. Hier ist die einzige Wallfahrtsstätte zu diesem Apostel im Erzbistum Freiburg. Er gilt als ein Helfer bei schweren Anliegen und in aussichtslosen Situationen. Auch in unserer Zeit pilgern Tausende jedes Jahr hierher, sogar aus anderen Ländern. Der Heimatforscher Ernst Hug hat in den Bittbüchern 23 Sprachen gefunden – und als Hauptanliegen vor allem Alkoholprobleme, dann Schulprobleme, außerdem Sorgen mit Herz, Kreislauf und Krebs.

An den Wänden zeugen zahlreiche Votivtafeln vom Dank der Gläubigen. Und gute Wirkungen werden dem Berg auch in anderer Hinsicht nachgesagt: für Meditationsübungen, wie sie heute verbreitet sind, und als „Kraftort“ mit einer besonderen Qualität. Ein Besucher, der solche Plätze als Psychotherapeut erforscht, wies im Gespräch besonders auf die Stelle im Wald unterhalb der Kapelle hin, wo das „Judas-Thaddäus-Brünnlein“ entspringt. „Wenn ich mich dort hinsetze zur Meditation, erlebe ich, dass ich mich sehr gestärkt fühle und sehr kraftvoll dort wieder rauskomme und sehr ruhig und sehr ausgeglichen.“ Er will dort auch Therapieversuche mit Patienten machen, wie er sagte. So sind alte Stätten wieder ganz aktuell.

Ohmen und St. Märgen bieten zum Abschluss dieser Ausflüge noch einmal starke Landschaftserlebnisse und regen zu neuen Erkundungen an. Geheimnisvolle Orte und Geschichten gibt es noch viele zu entdecken – schon der nächste Hügel kann erstaunlich sein.

Literatur

Baader, Bernhard: Volkssagen aus dem Lande Baden und den angrenzenden Gegenden. Karlsruhe 1851

Balzer, Ines: Über Stock und Stein. Sieben Wandertouren zu archäologisch, historisch und geologisch bedeutsamen Stätten Südbadens. Freiburg 1999

Bittel, Kurt u. a. (Hrsg.): Die Kelten in Baden-Württemberg. Stuttgart 1981

Brommer, Hermann: Der Tuniberg. München/Zürich 1978

Brommer, Hermann: Herbolzheim im Breisgau. München/Zürich 1984

Brommer, Hermann (Hrsg.): Wallfahrten im Erzbistum Freiburg. München/Zürich 1990

Brommer, Hermann: Sasbach am Kaiserstuhl. Regensburg 1995

Burkhardt, Herbert: Wo einst die Niederemmendinger zur Kirche gingen. In: Emmendinger Chronik, Ausgabe 1996

Dehn, Rolf: Eine keltische Stadtsiedlung auf dem Kegelriß bei Ehrenstetten. In: Archäologische Ausgrabungen in Baden-Württemberg 1983

Dehn, Rolf: Tarodunum und Kegelriß. Neues zur Spätlatènezeit im Breisgau. In: Denkmalpflege in Baden-Württemberg 17/1988

Dehn, Rolf: Zur frühen Geschichte Jechtingens. In: Jechtingen (Ortschronik) 1992

Dehn, Rolf: Neues zu Tarodunum. In: Archäologische Ausgrabungen in Baden-Württemberg 1998

Dehn, Rolf: Der keltische Goldmünzschatz von Riegel. In: Archäologische Nachrichten aus Baden 68/69, 2004

Denzlingen, Gemeinde (Hrsg.): Alt-Denzlingen. Waldkirch 1987

Dreher, Ernst: Günterstal. Lahr o. J.

Duerr, Hans Peter: Traumzeit. Über die Grenze zwischen Wildnis und Zivilisation. Frankfurt am Main 1978

Eckermann, Heinrich: Die Studenhöfe. In: Emmendinger Heimatkalender 1984

Eckermann, Heinrich: Der Wöpplinsberg und seine Fluren im 17. Jahrhundert. In: Emmendinger Chronik, Ausgabe 1997

Erdmann, Elisabeth (Hrsg.): Endingen. Vom Torli bis zum Brunne. Endingen 1994

Fahl, Walter: Schönberg-Batzenberg-Panorama. Freiburg o. J.

Fingerlin, Gerhard: Römische Zeit. In: Jechtingen (Ortschronik) 1992

Fischer, Joseph: Chronik von Gütenbach. Furtwangen 1904

Futterer, Adolf: Der St. Michaelsberg bei Riegel und seine Kapelle. 1927
Futterer, Adolf: Die Wallfahrt zur weinenden Muttergottes von Endingen. 1976
Geuenich, Dieter: Aus Denzlingens Kirchengeschichte. In: St. Jakobus. Denzlingen 1996
Göhri, Josef F.: Wetterwolken und wilde Wasser. Vergangene Jahrhunderte im Spiegel Bleichtäler Naturereignisse. In: 400 Jahre Marktrechte Herbolzheim. Herbolzheim 1989
Goldenberg, Gert: Die montanarchäologische Prospektion. In: Freiburger Universitätsblätter 109/1990
Goldenberg, Gert / Kaiser, Michael / Maass, Alexander: Neolithischer Hämatitbergbau bei Sulzburg. In: Archäologische Ausgrabungen in Baden-Württemberg 1997
Goldenberg, Gert / Steuer, Heiko: Montanarchäologische Forschungen im Südschwarzwald. In: Denkmalpflege in Baden-Württemberg 4/1998
Grimmer-Dehn, Beate: Die urnenfelderzeitliche Siedlung auf dem Burgberg bei Burkheim. Freiburg (Museum für Ur- und Frühgeschichte) o. J.
Haasis-Berner, Andreas: „Gold und Silber lieb' ich sehr…" Die Geschichte des Bergbaus rund um den Kandel. In: Waldkircher Heimatbrief 169/1998
Haasis-Berner, Andreas / Wagner, Heiko / Zettler, Alfons: Glottertal – Besiedlung, Bergbau und Wassernutzung von vorgeschichtlicher Zeit bis ins Mittelalter. In: Archäologische Nachrichten aus Baden 60/1999
Hermann, Manfred: St. Märgen im Schwarzwald und seine Wallfahrtsgeschichte. Lindenberg 2002
Hinn, Friedrich: Zur Geschichte Kirnhaldens. Manuskript o. J.
Hog, Josef: Der Ohmen und die Verehrung des heiligen Judas Thaddäus. In: St. Märgen (Festschrift 850-Jahr-Feier). St. Märgen 1968
Humpert, J.: Eine römische Straße durch den südlichen Schwarzwald. In: Archäologische Nachrichten aus Baden 45/1991
Janssen, Kurt: Denzlingens Kirchen in Geschichte und Gegenwart. In: Pfarrkirche St. Jakob in Denzlingen. 1976
Kageneck, Alfred Graf von: Freiburg-Munzingen. München/Zürich 1978
Kaltwasser, Stephan: Ur- und Frühgeschichte des Sulzburger Raumes. In: Geschichte der Stadt Sulzburg, Bd. 1. Freiburg 1993
Kern, Franz: Sölden. Die Geschichte der Propstei und des Dorfes. Sölden 1963

Kern, Franz: Die Pfarrkirche zu St. Fides und St. Markus in Sölden. 1978
Kern, Franz: Das Dreisamtal mit seinen Kapellen und Wallfahrten. Freiburg 1986
Kind, Alfons: Bad Krozingen-Schlatt im Rückspiegel. Schlatt 1988
Klein, Gebhard: Breisach – Inbegriff der Kriegsleiden. Breisach 1980
Klug, Jutta: Hallstattzeitliche Höhensiedlungen im Breisgau. In: Denkmalpflege in Baden-Württemberg 14/1985
Köllhofer, Ludwig: Bruderhäusledobel. In: Emmendinger Heimatkalender 1982
Kuner, Peter: St. Sebastian, Bad Krozingen-Schlatt. Horb-Bittelbronn 1993
Landesanstalt für Umweltschutz Baden-Württemberg (Hrsg.): Naturschutzgebiet Limberg am Kaiserstuhl. Karlsruhe 1978
Landspurg, Adolphe: Orte der Kraft. Schwarzwald und Vogesen. Straßburg 1994
Lange, Manfred: Münstertal – Tal der 100 Täler. Münstertal 1983
Lange, Manfred: Die Trudpert-Kapelle in Münstertal. In: Badische Zeitung v. 21.7.1988
Maise, Ch. / Wagner, H.: Neuentdeckte Höhensiedlungen der Bronze- und Eisenzeit im südlichen Breisgau. In: Archäologische Nachrichten aus Baden 51/52, 1994
Maus, Hansjosef: Bergbaugeschichtlicher Wanderweg Sulzburg. Sulzburg 1979
Maus, Hansjosef: Führer zum geologisch-bergbaugeschichtlichen Wanderweg der Gemeinde Münstertal/Schwarzwald. Münstertal 1983
Maus, Hansjosef: Geologie und früher Bergbau bei Sulzburg. In: Geschichte der Stadt Sulzburg, Bd. 1. Freiburg 1993
Maus, Hansjosef: Der Teufelsstein von St. Ulrich bei Freiburg – eine Hinterlassenschaft des frühen Bergbaus? In: Denkmalpflege in Baden-Württemberg 2/2000
Michels, Mechthild: Das Mithräum von Riegel. In: „s Eige zeige", Jahrbuch des Landkreises Emmendingen für Kultur und Geschichte 5/1991
Naudascher, Josef: Urgeschichte der Oberen Ortenau. In: Die Ortenau 1975
Naudascher, Josef: Bericht der Fachgruppe Archäologie über Megalithanlagen im Schwarzwald. In: Die Ortenau 1999
Nuber, Hans Ulrich / Seitz, Gabriele: Untersuchungen im Kloster Obernimburg. In: Archäologische Ausgrabungen in Baden-Württ. 2003

Nübling, Verena: Vor- und Frühgeschichte im Raum Teningen. In: Teningen. Ein Heimatbuch. Teningen 1990
Pitzer, Ingeborg: Neungeschwisterkapelle in Siensbach bei Waldkirch. Manuskript aus dem Pfarramt Waldkirch 1989
Poinsignon, A.: Das Kukuksbad und die Höhlen am Oelberg. In: Schau-ins-Land 13/1887
Rambach, Hermann: Die Neungeschwisterkapelle. In: Waldkirch ist schön von Gelegenheit. Freiburg 1979
Rambach, Hermann: Der Kandel. Waldkirch 1982
Rambach, Hermann: Vom Wahrheitsgehalt Elztäler Volkssagen. Waldkirch 1983
Ruf, Josef: Der Urgraben am Kandel. In: Rund um den Kandel. Waldkirch 1981
Schlatterer, Walter: St. Georgen im Breisgau. Freiburg 1986
Schmidt, Peter (Hrsg.): Teningen, Nimburg, Bottingen, Köndringen, Landeck, Heimbach. Ein Heimatbuch. Teningen 1990
Schneider, Hans Konrad / Röhrl, Fritz: Zauberisches Dreisamtal. Freiburg 1983
Schreiber, Heinrich: Badisches Sagenbuch. Freiburg 1898
Schrempp, Franz: Aus der Geschichte der Pfarrei St. Johannes Baptista zu Ringsheim. Ettenheim 1974
Sprenger, Silvia: Die jungpaläolithische Jagdstation von Munzingen am Tuniberg. Freiburg (Museum für Ur- und Frühgeschichte) o. J.
Steuer, Heiko: Die Alamannen auf dem Zähringer Burgberg. Stuttgart 1990
Steuer, Heiko u. a.: Alter Bergbau im Sulzbachtal. In: Archäologische Nachrichten aus Baden 61/62, 1999
Teningen, Gemeinde (Hrsg.): Nimburg. Lebensbild einer Dorfgemeinschaft des Unteren Breisgaus. Teningen 1977
Thoma, Willi: Der sagenumwobene Kandel, ein Wahrzeichen Waldkirchs. In: Waldkirch ist schön von Gelegenheit. Freiburg 1979
Thoma, Willi: Rätselhafte Schalensteine. In: Rund um den Kandel. Waldkirch 1981
Thoma, Willi: Zu den Silberbergen Suggentals. In: Rund um den Kandel. Waldkirch 1981
Thoma, Willi: Auch Felsen sind nicht für die Ewigkeit gebaut. In: Rund um den Kandel. Waldkirch 1981
Thoma, Willi: Elztäler Sagen. Tiersagen rund um den Kandel. Waldkirch 1986
Thoma, Willi: Der Urgraben am Kandel. In: Badische Zeitung 1989

Untermann, Matthias / Bechtold, André: Die Stadtwüstung Münster im Breisgau. In: Denkmalpflege in Baden-Württemberg 3/1997
Wagner, Heiko: Neue Funde vom „Kybfelsen“ bei Freiburg i. Br. In: Archäologische Nachrichten aus Baden 42/1989
Weber, Josef: Der Gottesberg des Elztales. In: Elztäler Wochenbericht v. 2. 7. 1981
Weber, Klaus: St. Peter im Wandel der Zeit. St. Peter/Schwarzwald 1992
Weber, Klaus: Höfechronik von St. Peter. St. Peter/Schwarzwald 1998
Weber, Klaus: Der Lindenberg. Wallfahrts- und Gebetsstätte im Schwarzwald. Lindenberg 2003
Weber-Jenisch, Gabriele: Museum für Stadtgeschichte Breisach am Rhein. Führer durch die Dauerausstellung. Breisach 1993
Weber-Jenisch, Gabriele: Neues zur Ortsgeschichte von Yach. In: „s Eige zeige“, Jahrbuch des Landkreises Emmendingen für Kultur und Geschichte 8/1994
Wehrle, Hans-Jürgen: Die „verschwundenen“ Häuser an der Kilpensteige. In: Elztal-Magazin Sept. 1997
Wickram, Georg: Das Rollwagenbüchlin. Stuttgart 1979
Wild, Anton (Hrsg.): Rheinhausen. Beiträge zur Geschichte von Ober- und Niederhausen. Rheinhausen 1992

Georg Schmidt-Abels, 1942 in Freiburg im Breisgau geboren, war zunächst in technischen Bereichen tätig (Elektrikerlehre, Gesellenjahre und Ingenieurstudium), bevor er zum Journalismus kam, außerdem Kunstgeschichte und Psychologie studierte, auch mit literarischen Texten und als Performance-Künstler auftrat.

Im Lauf der Zeit wandte er sich immer mehr der heimatlichen Landschaft zu, die sein wichtigstes Thema wurde. Als freier Publizist erkundet er nun seit über zwanzig Jahren die Region am Oberrhein. Er hat in mehreren Büchern, zahlreichen Radiosendungen, Diavorträgen und Führungen darüber berichtet, vor allem über Entdeckungen – seine besondere Spezialität.

Vom gleichen Autor
sind in ähnlicher Form erschienen:

Geheimnisvolle Plätze in der Ortenau

192 Seiten mit 77 Farbfotos, kartoniert
ISBN 978-3-7806-7321-3

Geheimnisvolle Regio

224 Seiten mit 80 Farbfotos, kartoniert
ISBN 978-3-7806-7336-7

In der großen Region zwischen Schwarzwald,
Jura und Vogesen,
im Dreiland aus Markgräflerland,
Nordwestschweiz und Südelsass,
werden zahlreiche Orte vorgestellt,
die sagenumwoben
oder in anderer Weise geheimnisvoll sind.

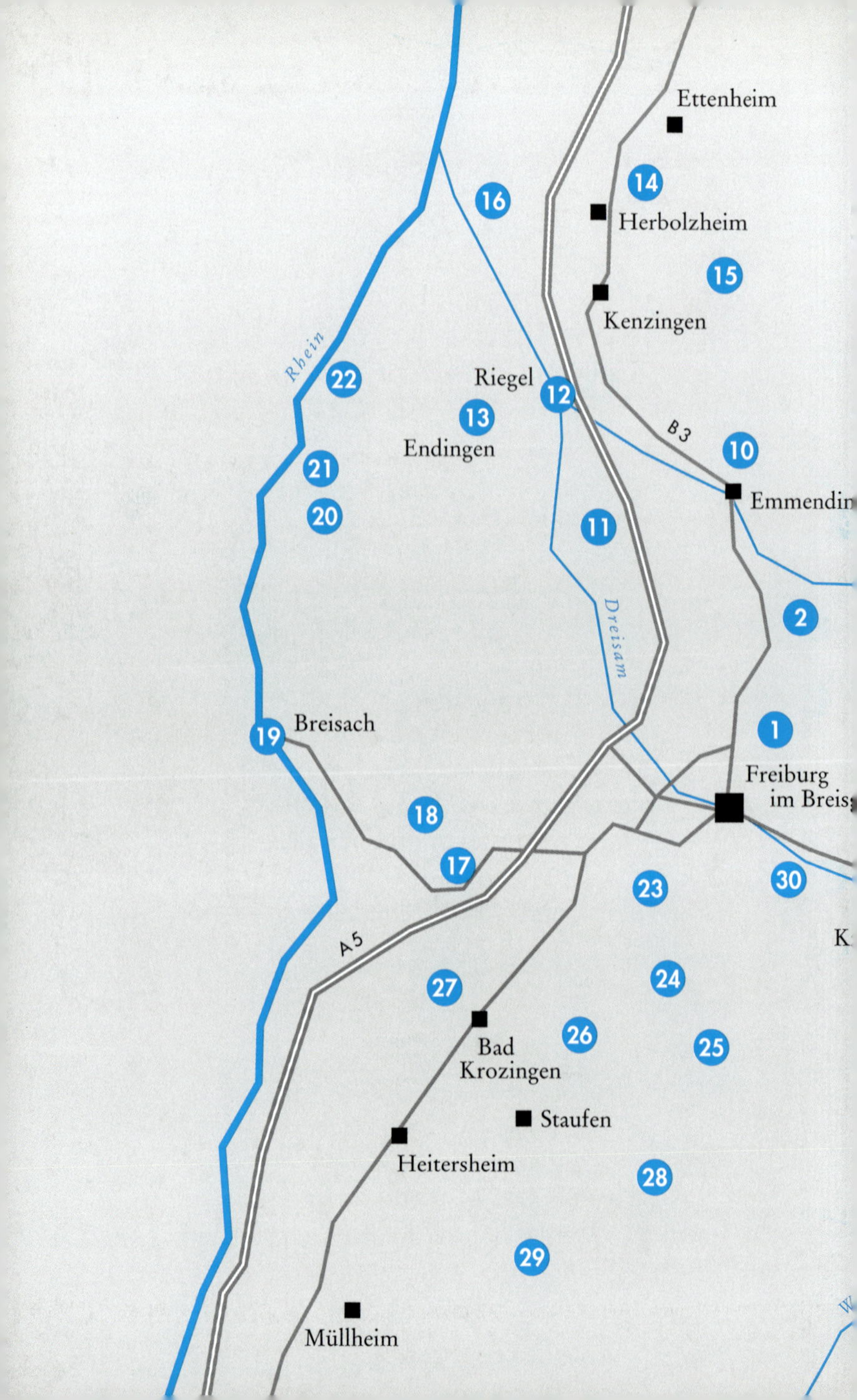

Ettenheim
14
16
Herbolzheim
15
Kenzingen
Rhein
22
Riegel
12
13
B 3
10
Endingen
21
20
11
Dreisam
2
19
Breisach
1
Freiburg
18
17
23
30
A 5
27
24
26
25
Bad Krozingen
Staufen
Heitersheim
28
29
Müllheim